하나님의 시간표

ראש
השנה

בכורים

하나님의 시간표

GOD'S DAY TIMER

יום כיפור

마크 빌츠 지음 | 조용식 옮김

פסח

순전한 나드

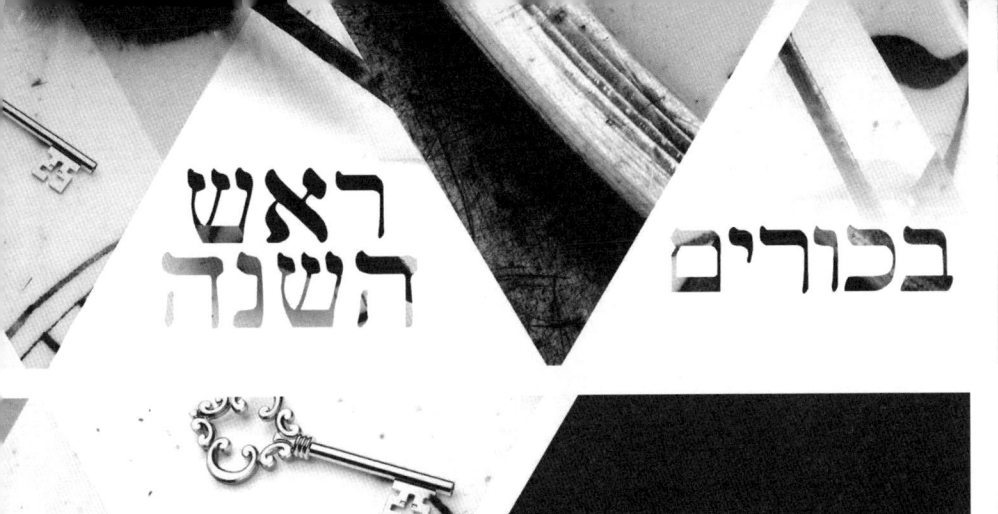

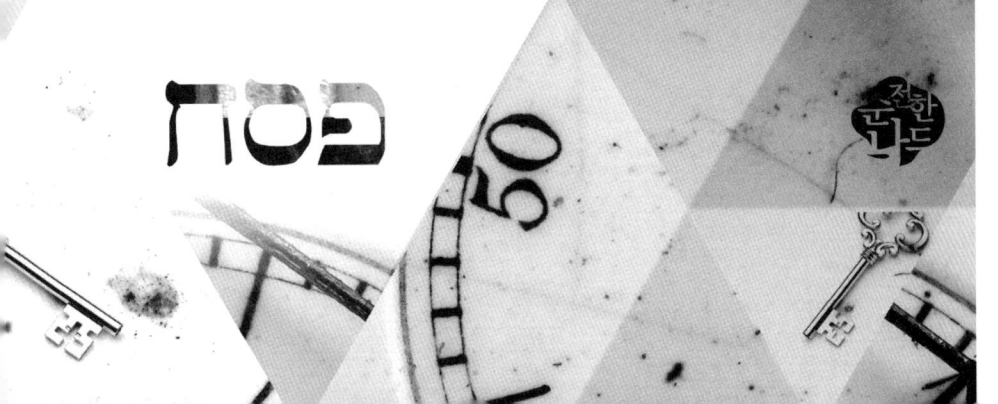

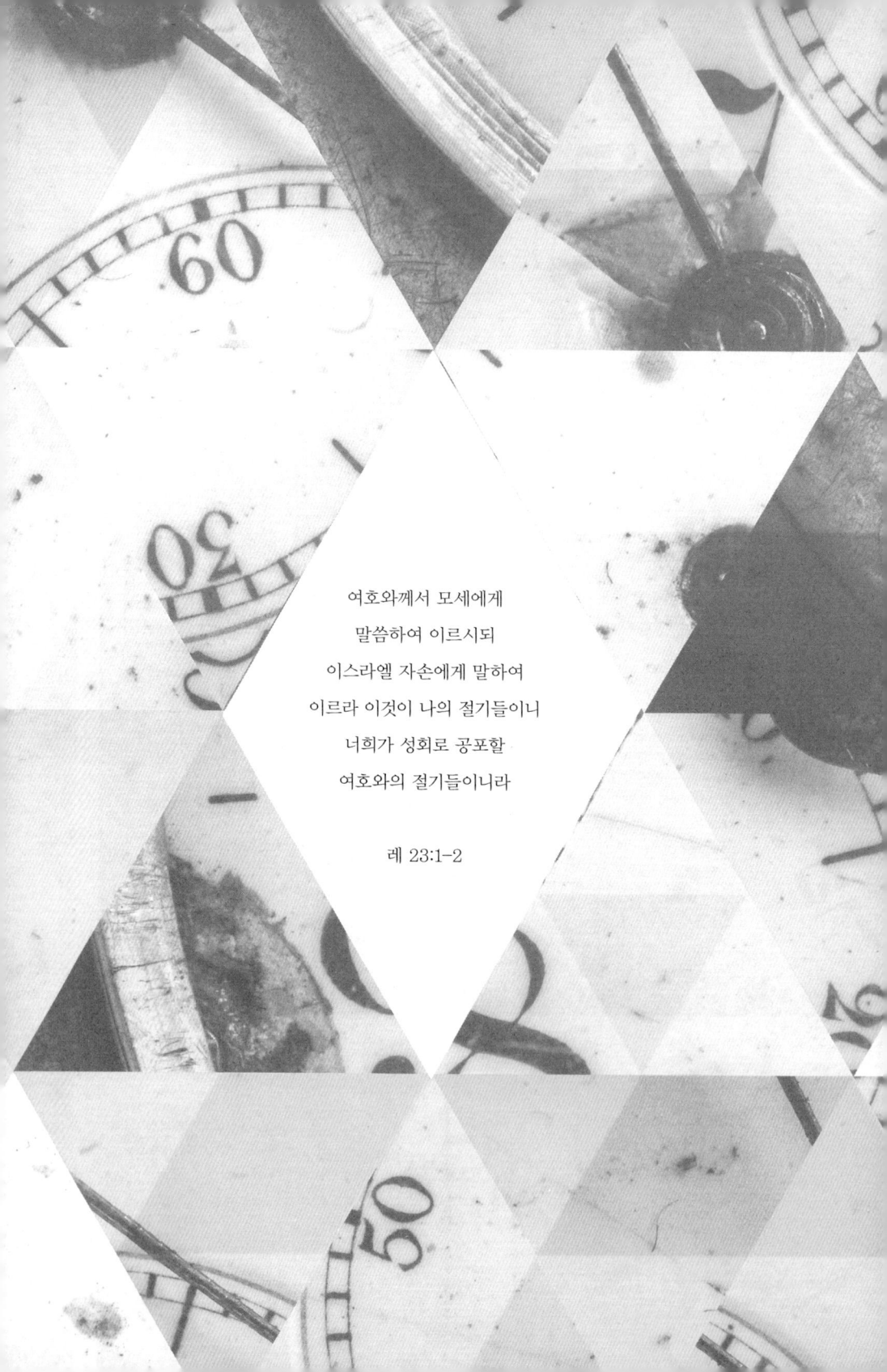

여호와께서 모세에게
말씀하여 이르시되
이스라엘 자손에게 말하여
이르라 이것이 나의 절기들이니
너희가 성회로 공포할
여호와의 절기들이니라

레 23:1-2

감사의 글

이 책이 나오기까지 함께해 주신 엘샤다이선교회의 모든 식구들에게 진심으로 감사드립니다. 지역의 회원들뿐만 아니라 실시간으로 영상을 시청하시는 전 세계 수천 명의 신앙인들 모두가 이 프로젝트를 완수할 수 있도록 동기를 부여하고 용기를 주셨습니다. 또한 열방에 토라를 전하는 비전에 동역하는 엘샤다이선교회의 운영진에게 특별히 감사드립니다. 빌 보스는 제가 글을 쓰는 동안 선교회가 잘 운영될 수 있도록 지원과 격려를 아끼지 않았습니다. 피터 탈호퍼는 특별한 헌신과 지혜로 모든 중요한 결정에 도움을 주어 선교회가 성장하는 데 큰 힘이 되었습니다. 누구보다도 헌신적인 조력자인 티나 펄스테드는 크고 작은 문제들을 미리 해결해 주어 제가 온전히 사명에만 집중할 수 있도록 도움을 주었습니다.

여러분 모두의 지원에 감사합니다!

들어가는 말

　90년대 중반 어느 멋진 날, 아름다운 아내 비키가 선물해 준 책 한 권이 나의 삶을 바꿔 놓았다. 당시 우리는 워싱턴 주 버클리에 있는 작은 교회에 출석하던 중 교회 일을 잠시 쉬기로 결정을 내린 상태였다. 나는 재정을 충당하기 위해 파트타임까지 하고 있었고, 교회에서 가르치는 일뿐 아니라 당회원으로도 봉사하느라 지쳐 있었다. 결국 고민 끝에 1년간 휴식을 취하기로 결정했다.

　그해가 끝나갈 무렵, 새를 좋아하던 비키는 서점에서 조류와 관련된 책을 찾고 있었다. 비키는 내가 성경과 유대계 혈통에 남다른 열정을 가지고 있다는 것을 알고 있었다. 사실 나의 성(姓)은 원래 '히르쉬'였는데, 5대조 할아버지께서 성을 '빌츠'로 바꾸셨다. 우리 조상은 프랑스의 무치그에 정착해서 살았고, 홀로코스트로 희생된 친척들의 이름을 이스라엘의 홀로코스트 박물관 야드 바셈에 찾아볼 수 있다.

　서점에서 책을 찾던 비키는 《유대교의 성일: 그 영적인 의미》(The Jewish Holy Days: Their Spiritual Significance)라는 모세 브라운의 책을 발견하여 나에게 가져다주었다. 나는 70년대에 위키타에 있는 성서신학교에 다니면서 여호와의 절기들에 대해 공부했다. 그리고 비슷한 시기에 기독교인들이 유대인들을 대신하여 구약에 기록된 하나님의 약속을 받았다고 주장하는 대체신학을 배웠다. 이후 25년간 교회에서 가르치고 봉사하며 지내다가 마침내 이 책을 통해 처음으로 성경의 아름다움을 깨닫고 새로운 통찰을 얻게 되었다. 그것은 성경을 보는 새로운 관점이었다.

나는 곧바로 내가 배웠던 것들을 다시 공부해야 할 필요가 있다는 것을 깨달았다. 그때나 지금이나 기독교의 기본적인 진리들을 전적으로 믿지만, 지금은 그 진리들이 입체화면처럼 생생하게 살아 움직인다. 성경은 내 안에서 새로운 방식으로 살아났다. 나는 3천 년의 경험을 간직한 민족으로부터 성경을 공부하는 법을 배웠다! 우리는 그것을 적극적으로 수용해야 한다.

오늘날 다양한 교파의 사람들이 영적인 다이어트에 지쳤다고 말한다. 그들은 우유나 쿠키 같은 것만 공급받아 고기와 감자에 굶주려 있다. 대부분의 '친교-추구형' 교회들이 복음을 배제하고 오직 새로운 신자들에게만 초점을 맞추면서 성숙한 회중들은 구원의 메시지를 넘어서는 말씀을 듣지 못하고 있는 것이다.

또 다른 사람들은 교회가 성경이 아닌 적극적인 사고방식을 가르친다고 말한다. 지도자들은 '삶의 코치'가 되기를 원할 뿐, 성도들이 성경을 잘 모르는 것에 대해 그다지 신경을 쓰지 않는다. 그들은 성경 구절 하나를 제시하고 설교 시간 내내 사회적인 이슈에 대해 이야기한다.

그러나 나의 초점은 하나님의 말씀이다. 그러므로 나는 이 책에서

350개 이상의 성경 구절을 인용했다. 독자들이 나의 말보다 주님의 말씀을 더 듣고 싶어 한다고 믿기 때문이다. 내가 바라는 것은 성경 말씀 사이의 점들을 연결하여 하늘에 계신 아버지께서 우리에게 보여 주고 싶어 하시는 것들을 더 많은 사람들이 보고 그분을 온전히 경외하게 되는 것이다!

엘샤다이선교회에 오는 사람이나 전 세계에서 우리의 무료 실시간 동영상 서비스를 시청하는 사람들은 모두 똑같은 증거를 공유한다. 이들은 20년 이상 구원받은 사람들로 살았지만, 모두가 "어째서 우리는 전에 이러한 진리들을 들어본 적이 없었던가?"라고 말한다. 안타까운 것은 대부분의 사람들이 자신이 모른다는 사실을 깨닫지 못하고 있다는 것이다. 나는 하나님에 대한 우리의 지식이 확장되기를 바란다.

나는 당신이 하나님의 달력에 관한 귀한 통찰로 가득한 보물상자를 여는 이 여정에 동행하는 것이 매우 기쁘다. 하나님의 창고에 무엇이 있을까? 그분의 시간표에 기록된 다음 여정은 무엇일까? 성경의 절기들이 우리의 미래와 어떤 관계가 있을까? 하나님은 우리가 그것들을 통해 무엇을 알기 원하실까? 그것들이 과연 교회와 관계가 있을까? 각 장으로 나아가면서 이 모든 질문들에 관해 설명할 것이다.

목차

감사의 글 _5

들어가는 말 _6

chapter 1 성경의 달력 ··· 12
chapter 2 유월절, 창세부터 죽임당한 어린 양 ················· 34
chapter 3 오순절로 향하는 무교절 ··································· 54
chapter 4 반대 의견에 대한 답변 ····································· 68
chapter 5 실제적인 적용 ··· 76
chapter 6 로쉬 하샤나(신년) ·· 86
chapter 7 욤 키푸르(속죄일) ·· 116
chapter 8 장막절 ·· 134

부록

1) 기독교인을 위한 유월절 '세데르'(예식서) ················· 189
2) 기독교인을 위한 안식일 저녁식사 안내서 ················ 229

성경의 달력

만약 당신이 예언은 믿는데 하나님의 달력은 믿지 않는다면, 아무런 항해 장비도 없이 망망대해를 표류하는 배와 같다. 그러므로 이 장에서 당신이 취해야 할 것은 다음과 같다. 만약 당신이 이 마지막 때에 이스라엘의 하나님께서 무엇을 행하실지 알고 싶다면, 먼저 그분이 이 세상과는 다른 달력에 따라 역사하신다는 사실을 깨달아야 한다. 그리고 그분께서 그 달력에 근거하여 예언의 성취를 위해 시간을 조정하신다는 사실도 알아야 한다.

신성한 약속시간

하나님은 성경 전체에 보물을 숨겨 놓으셨다. 잠언 25장 2절에 따르면, 그분은 "일들을 감추기 좋아하신다"(MSG). 왜 그럴까? 우리가 "그것들을 찾아내기"(WYC) 원하시기 때문이다. 그러나 안타깝게도, 많은 사람들이 그것을 찾는 대신 세상이 주는 즐거움에 고개를 돌렸다. 그러나 여전히 그분의 옛길에 묻혀 있는 보물을 찾는 것은 그 무엇과도 비교할 수 없는 가치 있는 일이다.

지난 40여 년간 나는 그 숨겨진 보물을 찾는 열쇠들을 몇 가지 발견했는데, 그것들을 당신과 공유하고자 한다.

그중 첫 번째 열쇠는 성경을 이해하기 위해 성경의 맨 처음으로 가야 한다는 것이다. 하나님께서는 이사야 46장 10절에서 처음부터 종말을 알리셨다고 말씀하신다. 그러므로 성경의 끝을 알고 싶다면, 시작에서 그

형태들을 찾아야 한다. 전도서 1장 9절에서는 이미 있었던 것이 후에 다시 있겠고, 이미 한 일을 후에 다시 할 것이며, 해 아래는 새것이 없다고 말한다. 따라서 성경의 첫 책인 창세기를 살펴보아야 한다.

창세기 1장 14절에서 하나님은 해와 달을 창조하시며 "징조와 계절과 날과 해를 이루게 하라"고 선언하신다. 우리는 이것을 읽을 때, 자연스럽게 봄, 여름, 가을, 겨울이라는 사계절을 생각하게 된다. 그런데 내가 발견한 첫 보물 중 하나가 바로 '계절'에 사용된 히브리어 '모에드'가 우리가 알고 있는 사계절을 의미하지 않는다는 사실이다. 같은 단어가 레위기 23장 2절에서는 '절기들'로 번역된다. 나는 절기라는 단어를 들으면 가장 먼저 커다란 칠면조가 떠오른다. 과연 히브리어 '모에드'의 정확한 번역은 무엇일까? 사계절일까, 아니면 절기에 먹는 음식일까? 두 가지 모두 이 단어의 개념을 정확하게 묘사하지 못하고 있다.

'모에드'는 '신성한 약속시간'으로 번역하는 것이 의미상 가장 정확하다. 하나님께서는 그분의 백성들과의 신성한 만남을 미리 계획하시고, 지금 우리가 사용하는 것과는 다른 달력을 사용해 오셨다.

창세기 1장 14절에 쓰인 '날'과 '해'라는 용어는 오늘날 우리가 사용하고 있는 달력의 요일, 연도와는 다르다. 성경은 하나님께서 정하신 시간, 곧 예언의 달력을 말하고 있다. '날들'은 유월절, 오순절, 그리고 장막절뿐만 아니라 새로운 달의 첫날과 안식일 같은 거룩한 날(성일)들을 의미한다. 그리고 '해'(연도)는 매 50년에 오는 희년과 매 7년마다 있는 '안식년'(면제년, 셰미타)을 말한다(하나님께서는 매 7년마다 이스라엘 민족에게 주신 약속의 땅을 쉬게 하셨는데, 그 기간에 경제가 원점에서 조정되도록 하셨다. 매 50년에는 양

도된 땅이 모두 원래 주인에게 돌아가도록 하셨다).

따라서 하나님은 창세기에서 이 신성한 약속시간들을 기념해야 할 때를 해와 달이 정할 것이라고 말씀하신 것이다. 각각의 약속시간들은 하나님의 달력을 통해 그것들이 예언의 성취임을 알게 될 그날과 그 시에 대한 최종 예행연습이 되어야 했기 때문이다.

이슬람의 달력은 전적으로 달에 기초한다. 그것은 매우 정확하기는 하지만, 하나님께서 그것을 사용하시지는 않는다. 오늘날 대부분의 나라에서 줄리어스 시저가 시작하고 교황 그레고리가 개량한 달력을 사용하는데, 그것은 전적으로 태양에 기초를 둔 것이다. 이것은 과학적으로 매우 정교하지만, 하나님은 그것도 사용하시지 않는다.

하나님은 창세기에서 해와 달이 신성한 약속시간을 정하는 데 사용되어야 한다고 말씀하셨다. 이것이 바로 하나님께서 인간의 역사에 개입하실 타이밍을 이해하는 데 결정적인 열쇠이다. 이것에 대한 이해를 돕기 위해 한 가지 예를 들어 보겠다.

영업사원인 당신이 회사에 최대의 매출을 올려 줄 잠재적인 고객과 약속시간을 정했다고 가정해 보자. 그런데 약속을 며칠 앞두고 카페에 앉아서 커피를 마시며 계획을 세우다가 수첩을 테이블에 그대로 둔 채, 자리를 뜨게 된다. 그리고 당신의 경쟁자가 바로 옆 테이블에 앉아 있다가 당신이 문을 나서자마자 수첩에 적혀 있는 약속시간을 늦춰 놓는다. 잠시 후, 자리에 돌아온 당신은 누군가 수첩에 손을 댔다는 사실을 전혀 눈치채지 못한다. 결국 당신은 시간을 착각하여 한 시간 늦고, 대신 당신의 경쟁자가 약속된 시간에 고객을 만나 거래를 성사시킨다면 어떻게 되겠는가?

이것이 바로 사탄이 성경의 달력에 저지른 일이다. 그로 인해 우리는 신성한 약속시간을 놓치게 되었다. 다니엘 7장 24-25절은 때와 법을 바꾸려 하는 악한 세력에 대해 이야기한다. 그리고 그 일이 정확하게 일어났다! 우리의 무지 또는 반유대주의로 신성한 하나님과의 약속시간들이 바뀌고 덧붙여지며 제거된 것이다. 그리고 그분과는 아무런 상관도 없는 이방 달력으로 대체되었다. 나는 이것에 대한 완벽한 보기를 제시할 것이다.

나는 복음과 예수님을 믿는 자로서 여호와의 유월절을 기념한다. 또한 예수님께서 죽음으로부터 일어나신 초실절을 지키는데, 기독교에서는 그것을 부활절이라고 부른다. 유월절은 단지 유대인의 유월절이 아니라 '여호와의 유월절'로 불러야 한다(출 12:11, 레 23:5). 예수님은 매년 유월절을 지킬 때마다 "이를 행하여 나를 기념하라"고 말씀하셨다(눅 22:19). 사도 바울은 고린도전서 11장 23-26절에서 예수님이 우리에게 그분의 죽음을 기념하라고 명하셨다고 말한다.

예수님께서 말씀하신 것은 하나님의 명령으로 1,500년 동안 연례적으로 지켜지던 니산 월 14일의 유월절 식사를 가리킨다. 따라서 예수님이 다음과 같이 말씀하신 것이다. "너희가 매년 첫째 달 14일에 유월절을 지킬 때마다, 이것이 내가 성취하려는 일에 대한 예행연습임을 깨닫기 원한다!" 그러나 오늘날에는 어느 교파에서도 예수님이 명령하신 대로 유월절을 지키지 않는다. 대신 그것을 제도화한 것이 성찬식이다. 이런 식으로 예수님께서 몇몇 유대교 전승들에 관하여 말씀하셨던 것과 같이 사람의 전승이 하나님의 말씀을 무효화시키고 있다.

오늘날 기독교인들은 주님의 부활을 열심히 기념하고 있다. 하지만, 성경의 달력이 아닌 이교도의 달력을 따르기 때문에 예수님이 돌아가시기 한 달 전에 부활절을 지키는 경우가 많다. 예를 들어 2016년의 부활절은 3월 27일 주일이지만, 유월절은 한 달 늦은 4월 22일 금요일이었다. 어떻게 이런 일이 일어난 것일까?

유월절과 관련하여 하나님께서 모세에게 주신 명령은 "그 날을 기념하라"(출 13:3)는 것이었다. 예수님은 제자들과 함께하는 마지막 유월절 식사에서 "이를 행하여 나를 기념하라"(눅 22:19)고 말씀하셨다. 그러나 오늘날 기독교인들은 성경의 절기인 유월절을 성경에서 명령한 날짜에 지키지 않고 있다. 그 날짜는 니산 월(또는 바벨론 포로기 이전 방식으로 아빕 월) 14일이며, 유대력으로는 종교예식상의 새해이다.[1] 성경에 무지했던 콘스탄틴 황제는 심각한 반유대주의, 또는 유대인들에 대한 증오심으로 주후 325년 니케아 공의회에서 그 날짜를 임의로 바꿔 버렸다.

민수기 9장에는 죽은 사람 때문에 부정해져서 제 날짜에 유월절을 지킬 수 없었던 사람들의 이야기가 나온다. 모세가 그 사람들은 어떻게 해야 하느냐고 여쭤 보았을 때, 하나님께서는 다음과 같이 말씀하셨다. "너희나 너희 후손 중에 시체로 말미암아 부정하게 되든지 먼 여행 중에 있다 할지라도 다 여호와 앞에 마땅히 유월절을 지키되 둘째 달 열넷째 날 해 질

---

[1] 유대력에서는 우리가 사용하는 달력의 음력 '설날'이나 양력의 1월 1일처럼 새해가 단 하나의 날짜로 고정되어 있지 않다. 종교적(성경적)으로는 니산 월(아빕 월)이, 대중적(현대적)으로는 티슈리 월(7번째 달)이 새해를 시작하는 첫 달인데, 그 외에도 식목을 위한 새해로 쉐바트 월이 있다(역자 주).

때에 그것을 지켜서"(민 9:10-11). 이것은 한 달 늦게라도 유월절을 지키라는 것인데, 실제로 히스기야 시대에 시행되었다.

히스기야는 편지를 보내 온 이스라엘과 유다 사람들을 예루살렘에 있는 여호와의 전으로 소집하여 유월절을 지키기로 하였다. 그런데 정결하게 준비된 제사장들도 부족하고 백성도 다 모이지 못하여 두 번째 달에 유월절을 지키는 것이 좋겠다는 조언을 듣고 그대로 따랐다(대하 30:1-4). "둘째 달 열넷째 날에 유월절 양을 잡으니"(대하 30:15).

이러한 상황에 대해 하나님은 어떻게 반응하셨을까? "그 소리가 하늘에 들리고 그 기도가 여호와의 거룩한 처소 하늘에 이르렀더라"(대하 30:27). 하나님께서는 그들이 애쓰는 것을 기뻐하셨다! 그래서 우리는 두 번째 달의 유월절이 하나님께서 인정하시는 절기임을 알 수 있다. 누가 감히 그분의 말씀을 편집할 수 있겠는가?

여기서 한 가지 질문을 던지겠다. 우리는 편한 일을 해야 할까, 아니면 하나님께서 말씀하시는 것을 해야 할까? 우리가 따라야 할 것은 다수일까, 아니면 하나님 한 분일까? 우리는 자신의 생각에 따라 행동해야 할까, 아니면 하나님의 말씀에 따라 행동해야 할까? 우리는 정치적으로 옳은 것을 지켜야 할까, 아니면 성경적으로 옳은 것을 지켜야 할까? 우리는 히틀러 치하의 독일 기독교인들이 그랬던 것처럼 지도자를 맹목적으로 따라야 할까, 아니면 성경을 따라야 할까?

여기서 히틀러를 언급하는 것이 극단적이라고 느껴진다면, 콘스탄틴 황제가 부활절 날짜를 바꾼 내용이 들어 있는 다음의 편지를 보라. 또한 그 날짜가 왜 바뀌었는지에 주목하라. 그리고 초대교회의 이방인 지도자들이 토라를 배경으로 하지 않았다는 것과 그들의 전반적인 도덕적 가치 체계가 소크라테스, 아리스토텔레스, 그리고 플라톤 등의 이교도 철학자들로부터 왔다는 사실을 기억하라.

공의회에 참석하지 않은 이들에게 보내는 황제(콘스탄틴)의 편지

성스러운 부활절에 관한 질문이 제기되었을 때, 모든 사람이 그 절기를 단 하루에 지켜야 편리할 것이라는 생각이 보편적이었습니다 … 절기들 가운데 가장 거룩한 이날을 위하여 자신들의 손을 가장 끔찍한 죄악에 담근 채 그 마음은 가려져 있는 유대인들의 관습을 따르는 것이 특별히 무가치한 것임을 선포했습니다. 그들의 관습을 거부함으로써 … 우리는 부활을 기념하는 합법적인 방식을 후손들에게 물려줄 수 있습니다. 그러므로 우리는 어떤 것도 유대인들과 공유해서는 안 되는데, 구세주께서 우리에게 다른 방법, 더욱 합법적이고 편리한 과정(그 주간의 날들 순서)을 따르는 예배를 보여 주셨기 때문입니다. 따라서 만장일치로 채택된 이 방식에 대해 친애하는 형제들이 혐오스러운 유대인 무리로부터 자신을 구별했으면 좋겠습니다. 왜냐하면 그들의 지도 없이는 우리가 이 절기를 지킬 수 없다고 자랑하는 말을 듣는 것이 참으로 부끄럽기 때문입니다. 어떻게 그들이 옳을 수 있습니까? 구세주의 죽으심 이후 이성이 아닌 자신들의 환상이 충동질하는 대로 야만스러운 폭력으로 인도함 받는 그들이 말입니다. 그들은 이 부활절 문제에 관한 진리를 소유하고 있지 않은 바, 눈이 멀어 모든 개선안에 대한 증오심으로 계속해서 같은 해에 두 번의 유월절을 기념하고 있습니다 … 우리는 공공연하게 잘못을 저지르는 사람들을 따를 수는 없습니다. 어떻게 눈이 먼 유대인들을 따를 수

있단 말입니까? 한 해에 유월절을 두 번 지키는 것에 관한 한, 추호도 받아들일 수 없습니다. 그러나 설령 그렇지 않다고 해도, 그런 사악한 민족(유대인들)과 교제함으로써 영혼을 더럽히는 일이 없도록 하는 것은 여전히 여러분의 의무입니다.[2]

반유대주의가 느껴지는가? 이들은 히틀러가 부정했던 사실, 곧 '구세주' 자신이 유대인이셨음을 잊어버린 것 같다.[3]

교회 지도자들은 이때 이미 궤도를 벗어났다. 그런데 여기에 바로 우리가 달려갈 궤도가 있다. 그들이 교리의 한 부분으로 결정한 것이 더 이상 하나님의 말씀이 아니라는 선포를 통해서이다. 성경 지식의 결핍 때문이든, 단순히 나쁜 의도로 인한 결과이든 이제는 본 궤도로 돌아가야 한다!

예수님의 부활 후에 대중 앞에서 설교하게 된 베드로는 그들이 무지했기 때문에 메시아를 죽였다고 정죄하였다. 그러나 그는 계속해서 그들이 회개해야 한다고 하면서 "새롭게 되는 날이 주 앞으로부터 이를 것"이라고 하였다. 또한 그들이 예정되신 메시아, 곧 "하나님이 영원 전부터 거룩한 선지자들의 입을 통하여 말씀하신 바 만물을 회복하실 때까지는 하늘이 마땅히 그분을 받아" 두게 될 예수님의 재림을 볼 것이라고 하였다 (행 3:17-21). 메시아의 몸을 위해 다시 회복되어야 할 만물들 가운데 하나

---

2) Bet Emet Ministries, "Constntine's Easter Letter and the Loss of the Faith Once Given to the Saints," PaulProblem.com, accessed February 23, 2016, http://paulproblem.faithweb.com/ constantine_easter_letter.htm; emphasis added.

3) "It's certain that Jesus was not a Jew." Adolf Hitler, in Hitler's table Talk 1941-1944: Secret Conversations, ed. Norman Cameron et al. (New York: Enigma, 2007), 76.

가 바로 하나님의 달력이다!

하나님의 초대

마지막 때에 관하여 감춰져 있는 신비한 사건들을 푸는 두 번째 열쇠는 하나님의 신성한 약속들이 레위기 23장 2절에 나온 성회임을 인식하는 것이다. '집회'에 해당되는 히브리어는 '미크라'로, '(다수의) 모임'을 뜻한다. 그것은 합의된 시간에 공적인 목적을 위해 모인 사람들을 가리킨다. 그런데 이 단락을 면밀히 조사해 보니, 여기에는 매우 중요하고 놀라운 의미가 포함되어 있었다. 이 히브리어 단어에는 최종 예행연습을 위해 사람들이 함께 모인다는 의미도 함축되어 있다. 이해가 되는가? 그들이 미래의 바로 그날에 일어날 일을 미리 연습하기 위해 하나님의 시간표에 따라 특별한 날, 특별한 시간에 만나야 했던 것이다.

하나님께서는 왜 이스라엘로 하여금 매년 니산 월 14일에 유월절 어린 양을 잡으라고 하셨을까? 그날이 바로 예수님께서 죽으실 날이었기 때문이다! 왜 그분은 오순절 사건 1,500년 전에 이스라엘에게 매년 '샤부오트'(오순절로 알려짐) 절기에 예루살렘에 모이라고 명령하셨을까? 왜냐하면 바로 그날이 예루살렘에 '루악 하코데쉬'(성령)께서 임하셔서 세상을 뒤집어 놓으실 날이었기 때문이다.

당신은 주님이 어제나 오늘이나 영원토록 동일하신 분임을 믿는가? 참으로 이 모든 사실을 믿는가? 혹시 조금이라도 의심한다면, 당신은 더 이상 앞으로 나아갈 수 없을 것이다.

만약 주님이 참으로 어제나 오늘이나 영원토록 동일하시다면, 그분이 자신의 초림을 봄 절기에 맞추셨듯이 재림 또한 가을 절기에 맞추실 것이다! 따라서 우리는 먼저 봄 절기들을 자세히 살펴볼 것인데, 단순히 날짜뿐만 아니라 정확한 시간까지 맞추게 될 것이다. 그리고 가을 절기들을 알아볼 것이다. 이것은 예언에 입각해서 미래의 그날에 무슨 일이 일어날지 보기 위함이다. 부디 이 마지막 말들을 깊이 생각해 주기 바란다.

우리가 날짜들을 정할 수는 없다. 몇 년도에 어떤 일이 일어날지는 알 수 없지만, 때와 시기들은 알 수 있다! 그러므로 이제 '때와 시기'라는 말이 하나님의 달력에 있는 신성한 약속시간들을 가리킨다는 사실을 알게 될 것이다.

종종 사람들에게 메시아의 혼인 잔치에 참여하고 싶은지 물어 보면, 모두들 그렇다고 대답한다. 그렇다면 그들은 왜 예행연습에는 오고 싶어 하지 않는 것일까? 메시아의 대관식도 마찬가지이다. 매년 하나님의 달력에 정해진 시간에 전 세계의 수천 명의 사람들이 천군천사와 함께 메시아의 오심을 연습한다.

레위기 23장 2절의 명령은 하나님의 자녀들에게 신성한 약속시간들을 선포하기 위한 것이다. 히브리어로 그 어원은 "행사에 초대된 사람들의 이름을 큰 소리로 부르는 것"이다.[4] 즉, 개별적인 초대인 것이다.

우리는 이것이 마태복음 22장에서 전개되는 것을 볼 수 있다. 본문

---

4) Strong's Exhaustive Concordance: New American Standard Bible. 1995. Updated ed. La Habra: Lockman Foundation. http://www.biblestudytools.com/lexicons/hebrew/nas/qara.html.

에서 왕이 종들을 보내 혼인 잔치에 초대받은 사람들을 부르지만, 그들은 오지 않는다! 왕은 다시 다른 종들에게 결혼식에 초대받은 사람들을 불러오라고 하면서, 다음과 같이 전하라고 한다. "모든 것을 갖추었으니 혼인 잔치에 오소서"(마 22:4). 그런데 놀랍게도 그들은 자기들이 왜 갈 수 없는지 변명을 하며 잔치에 오지 않는다. 마침내 왕은 종들에게 큰길로 나가서 악한 자나 선한 자나 만나는 대로 모두 잔치에 초대하라고 한다. 그렇게 하여 혼인 잔치에 손님들로 가득 차게 되었다(마 22:10).

이야기는 계속 진행되어 예복을 입지 않고 왔다가 벌을 받은 한 손님에 대해 말한다(마 22:11-13). 이 비유는 여호와의 날에 대하여 기록한 스바냐서에서 비롯되었다. 하나님께서는 그분이 친히 희생을 준비하시고 손님들을 초대하시지만, 왕의 자녀들과 "이방인의 옷을 입은 자들을" 벌하시겠다고 하신다(습 1:8). 이것에 대해서는 나중에 살펴볼 것인데, 한 가지 놀라운 점은 사람들이 예언된 대로 왕 중의 왕이 참석하는 행사의 예행연습에 참가하는 것의 중요성을 깨닫지 못하고 있다는 사실이다. 나는 바로 이 문제와 관련하여 독자들을 일깨워야 할 책임감을 느낀다. 이것은 모든 순간을 통틀어 가장 성대한 혼인 잔치로 초대하는 열린 문이다.

여기에서는 많은 예언들이 드러나고 있다. 하지만, 사람들이 그 예언에 관한 하나님의 달력을 인식하지 못한다면, 앞으로 무슨 일이 일어날지, 그 일이 언제 일어날지 알려 줄 가장 중요한 열쇠를 잃어버리는 것이다. 나는 이것에 대한 가장 중요한 이유를 성경을 통해 알려 줄 것이다.

하나님의 달력과 예언의 성취

스가랴 8장 18-19절에서 하나님은 유대인들이 1년 중 금식해야 할 날짜들을 나열하신다. 이 금식일들은 네 번째, 다섯 번째, 일곱 번째, 그리고 열 번째 달에 지키는데, 애도의 날들이기도 하다. 그런데 이 금식이 미래의 어느 날 축제로, 크게 즐거워할 날들로 바뀔 것이라고 한다. 그리고 2천 년이 지난 지금까지 이 일은 아직 일어나지 않고 있다. 그런데 만약 이 금식하는 날짜들이 우리가 사용하는 달력으로 언제인지 모른다면, 그 예언들이 언제 성취될 것인지도 알지 못할 것이다.

만약 당신이 예언은 믿는데 하나님의 달력은 믿지 않는다면, 아무런 항해 장비도 없이 망망대해를 표류하는 배와 같다. 그러므로 이 장에서 당신이 취해야 할 것은 다음과 같다. 만약 당신이 이 마지막 때에 이스라엘의 하나님께서 무엇을 행하실지 알고 싶다면, 먼저 그분이 이 세상과는 다른 달력에 따라 역사하신다는 사실을 깨달아야 한다. 그리고 그분께서 그 달력에 근거하여 예언의 성취를 위해 시간을 조정하신다는 사실도 알아야 한다.

하나님의 시계는 지금도 돌아가고 있으며, 그에 따라 달이 바뀌고 있다. 당신은 준비되었는가?

성경에 예언된 수많은 주요 사건들은 모두 하나님의 달력에 따라 발생한다. 이것은 계속해서 반복되고 있다. 스가랴서에서 말하는 금식의 날들을 예로 들면, 역사적으로 이 네 번의 금식일이 모두 느부갓네살의 성전 파괴와 관계가 있다.

달	히브리 날짜	현대의 시간대	주요 사건
열 번째 달	테베트 월 10일	12–1월	예루살렘 성벽이 포위됨
네 번째 달	탐무즈 월 17일	6–7월	성벽이 뚫림
다섯 번째 달	아브 월 9일	7–8월	성전이 파괴됨
일곱 번째 달	티슈리 월 1일	9–10월	그달리야가 살해됨

이 금식일들이 기독교인에게도 중요할까? 나는 몇 가지 관점에서 그렇다고 생각한다.

첫째, 이 금식일들은 애도하는 날로 지난 2,500년 동안 지속되어 왔다. 기독교인들이 사도 바울로 알고 있는 랍비 사울은 로마 교회에 즐거워하는 자들과 함께 즐거워하고 우는 자들과 함께 울라고 가르쳤다(롬 12:15). 문맥상, 본문은 열방과 이스라엘 민족의 관계에 대한 내용 바로 다음에 이어진다. 우리는 이스라엘 민족에게 접붙임 받았거나 양자가 되었다. 하나님은 새로운 민족으로 시작하지 않으셨다.

두 장 뒤에서 바울은 누구든지 날을 중히 여기는 자도 주를 위하여 중히 여기고, 그날을 중히 여기지 않는 자도 오직 주를 위하여 그날을 지키지 않는 것이라고 썼다.[5] 나아가 먹는 자는 주를 위하여 먹고 감사하

---

5) "그 날을 지키지 않는 자도 …"라는 내용은 로마서 14장 6절의 헬라어 원문에 없는 부분으로, 한글 개역개정에도 없는 내용이다. 그러나 KJV를 비롯한 다수의 영역본에서는 의미 있는 설명으로 이 내용을 보충했다(역자 주).

며, 먹지 않는 자도 주를 위하여 먹지 않음으로 여전히 하나님께 감사한다고 하였다(롬 14:6). 이것은 단순히 이스라엘과 연합하게 된 기독교인들이 이날에 금식할지는 그들의 선택이지만, 이스라엘과 공감할 것을 권면 받고 있다는 사실을 알려 준다(이 구절은 기독교인들이 절기들을 지켜야 하는지의 여부와는 관계가 없고, 금식과 관계가 있다). 어느 쪽이든, 로마서 12장 15절에서도 이스라엘과 공감할 것을 권면한다.

그렇다면, 금식의 의미로 돌아가 보자. 이 금식들은 매년 첫 장소에 재앙을 초래했던 그 죄에 대한 회개를 상기시켰다. 첫 번째 회개일은 테베트월 10일이었다. 여호와의 말씀이 에스겔에게 임하여 다음과 같이 기록하라고 하신 것은 아홉째 해 열째 달 열째 날이었다. "인자야 너는 날짜 곧 오늘의 이름을 기록하라 바벨론 왕이 오늘 예루살렘에 가까이 왔느니라"(겔 24:2). 만약 이날이 하나님께 매우 중요해서 에스겔에게 그것을 영원히 기록하라고 명령하신 것이라면, 우리에게도 똑같이 중요하다.

네 번째 금식일은 탐무즈 월 17일인데, 여기에는 반복되는 유형이 있다. 이날은 바로 모세가 산에서 내려와 아론이 만든 금송아지를 보고 십계명이 적혀 있는 첫 번째 두 돌판을 깨뜨린 날이다(출 32:19, 미쉬나 타아닛 28b). 이날은 또한 악한 왕 므낫세의 날로, 그는 여호와의 전 두 마당에 하늘의 일월성신을 위하여 단들을 쌓았다(왕하 21:5). 심지어 그는 자기 아들을 몰렉에게 제물로 바치고 성소에 우상을 세웠다.

연도는 다르지만, 바로 그와 동일한 날짜에 예루살렘이 느부갓네살에게 포위되어 매일 드리는 제사(상번제)를 그쳐야 했고, 다음 해 똑같은 날에는 성벽이 뚫렸다. 주후 70년, 로마인들 역시 같은 날에 예루살렘

성벽을 파괴하였다! 그리고 열왕기하 25장 3절에 언급된 끔찍한 굶주림도 발생하였다.

2006년의 레바논 전쟁이 탐무즈 월 17일에 시작된 것을 알고 있는가? 이러한 유형은 유대 민족의 역사에서 반복되고 있다. 이날부터 3주간의 애도가 시작되는데, 다음 번 금식일인 아브 월 9일에 가장 고조된다.

그렇다면 아브 월 9일에는 무슨 일이 있었을까? 유대 역사에 따르면, 이날은 바로 정탐꾼들이 아낙 자손(거인족)이 무서워서 약속의 땅 가나안을 악평한 날이다.[6] 믿음이 없었던 그들은 약속의 땅을 무시하고 소리 높여 울었다. 이로 인해 그 세대 사람들에게 재앙이 내렸다. 하나님은 매년 이날에 그들로 통곡하게 하셨다.

유대 역사는 느부갓네살이 성전을 불태우기 시작한 것이 바로 아브 월 9일이었다고 기록한다. 믿을 수 없겠지만, 티투스가 성전을 불태운 것도 주후 70년 바로 이날이다! 또한 1290년 아브 월 9일에는 잉글랜드 왕 에드워드가 모든 유대인들을 추방했다. 2세기 후 스페인에서 유대인들이 추방된 것도 바로 아브 월 9일이다.

제1차 세계대전도 이날 시작되었다. 히틀러는 바로 이날 '(유대인 문제에 대한) 최종해결책'[7]에 서명했다. 2005년에는 이스라엘 수상 아리엘 샤론이 가자 지구의 모든 유대인들을 쫓아냈다! 하나님의 달력을 따라가다 보면, 이렇게 성경의 날짜들이 생생하게 살아난다!

---

6) Mishnah(Taanit 4:6); 그 이야기에 대해서는 민수기 13장 참조.

7) 영어로는 'Final Solution', 독일어로는 'Endlösung der Judenfrage'. 유럽 내의 유대인들을 완전히 말살하려는 나치 독일의 계획으로 오랜 기간의 준비 끝에 1942년 확정되었다(역자 주).

성경상에 나타난 마지막 금식일은 느부갓네살이 총독으로 임명했던 그달리야의 암살에 근거한다. 이날은 '로쉬 하샤나'[8] 다음의 티슈리 월 3일에 기념하는 일곱째 달의 금식일이다.[9] 그달리야는 모든 유대인들에게 예루살렘에 그대로 머물면서 바벨론 왕을 섬기면, 그들이 다 잘될 것이라고 하였다. 그럼에도 불구하고 사람들은 그달리야를 암살하고 애굽으로 도망하여 스스로 몰락을 자초했다(왕하 25:22-25).

창세기에는 노아의 홍수가 "둘째 달 곧 그달 열이렛날"(창 7:11) 시작되었다고 하는데, 당시에는 티슈리 월이 첫 번째 달이었다. 따라서 "하늘의 창문들이 열린" 것은 헤쉬반 월 17일이며, 이것은 오늘날 우리가 사용하는 달력으로 11월 하순경이다. 그러나 출애굽 당시 여호와께서 모세에게 종교적인 달력의 시작을 니산 월이라고 말씀하셨기 때문에, 두 번째 달은 이야르 월이 되었다. 따라서 민수기 9장 11절에서 여행자나 부정한 사람들에게 두 번째 달 14일에 유월절을 지키라고 한 것은 곧 이야르 월을 의미한다.

우리는 이 달력을 통해 성경적인 유형을 깨닫고 역사적 사건들 배후에서 일하시는 하나님의 손길을 볼 수 있다. 바벨론 포로 생활에서 돌아온 하나님의 백성들은 "일곱 째 달 초하루"(느 8:2)에 함께 모였다. 여기서 단번에 알 수 있는 사실은 이날이 '로쉬 하샤나'라는 것이다!

에스더서에서 하만이 모든 유대인들을 죽이기로 결정했을 때, 왕의

---

8) '그해의 첫 번째'라는 뜻으로, 현대 이스라엘에서도 이날이 공식적인 새해이다(역자 주).

9) Rosh Hashana(tracate) 18b.

서기관들은 첫째 달 13일에 왕궁으로 소집되었다(에 3:12). 이들은 남녀노소를 불문하고 단 하루 안에 모든 유대인들을 죽이라고 각 도에 공문을 보냈다. 우리는 이 공문들이 무교절 기간 중 유월절에 발송되었다는 사실을 안다. 에스더는 유월절에 그 소식을 듣고 3일 밤낮을 금식했다(에 4:15-17). 3일째 되는 날, 그녀는 일어나 왕에게 나아갔다. 당신은 이 이야기와 메시아 사건의 유사성을 알겠는가? 메시아께서 사흘 밤낮을 땅속에 계시다가 제3일에 일어나신 것도 바로 유월절 주간이었다.

다니엘서 10장에서 다니엘은 3주간 금식하였다(단 10:1-3). 그때, 곧 첫 번째 달 24일에 세마포 옷을 입고 허리에는 금으로 된 띠를 두른 한 남자의 환상을 보았는데, 그 얼굴은 번개와 같고, 눈은 횃불 같으며, 목소리는 많은 무리의 소리와 같았다. 이 남자(천사)가 말할 때 다니엘이 얼굴을 땅에 대자 천사가 그를 일으키며 두려워하지 말라고 하였다(단 10:5-12). 훗날 사도 요한 역시 두려워하지 말라는 음성을 들었다(계 1:12-18).

또한 다니엘서에는 바사 왕의 방해로 천사장 미가엘의 도움을 받기까지 지체할 수밖에 없었다는 천사의 이야기가 나온다. 그 천사는 마지막 때에 그의 백성들이 무슨 일을 당할지 다니엘에게 알려 주고는 바사 왕과 싸우기 위해 돌아가야 한다고 말한다(단 10:13-21). 하늘에서 일어나는 일들은 땅에서도 일어나는 법이다. 따라서 언젠가 유월절 즈음에 이스라엘과 페르시아, 또는 이란 사이에 일어날 전쟁일지도 모른다. 분명한 것은 우리가 잘못된 달력을 사용하는 한, 결코 이러한 연관성을 알 수 없다는 것이다.

아래의 도표는 앞으로 맞게 될 성경의 절기들이 우리가 사용하는 달력으로 언제인지를 보여 준다.

연도	유월절	나팔절	욤 키푸르 (속죄일)	수콧 (장막절)	하누카 (수전절)	부림절
2016	4월 23일	10월 3일	10월 12일	10월 17일	12월 25일	3월 24일
2017	4월 11일	9월 21일	9월 30일	10월 5일	12월 13일	3월 12일
2018	3월 31일	9월 10일	9월 19일	9월 24일	12월 3일	3월 1일
2019	4월 20일	9월 30일	10월 9일	10월 14일	12월 23일	3월 21일
2020	4월 9일	9월 19일	9월 28일	10월 3일	12월 11일	3월 10일

아래의 도표는 종교력과 일반력에 쓰이는 각 달의 명칭을 우리가 사용하는 달력과 비교한 것이다.

종교력	달의 명칭	일반력	절기	그레고리안력의 월
1	니산	7	유월절 / 무교절 / 초실절	3월 / 4월
2	이야르	8		4월 / 5월
3	시반	9	샤부오트(칠칠절, 오순절)	5월 / 6월
4	탐무즈	10		6월 / 7월
5	아브	11		7월 / 8월
6	엘룰	12		8월 / 9월

7	티슈리	1	로쉬 하샤나(신년) 욤 키푸르(속죄일) 수콧(장막절)	9월 / 10월
8	헤쉬반	2		10월 / 11월
9	키슬레브	3	하누카(수전절)	11월 / 12월
10	테베트	4		12월 / 1월
11	쉐바트	5		1월 / 2월
12	아다르	6	부림절	2월 / 3월

다음은 각 절기들의 의미이다.

절기	시기 & 계절	의미
유월절	니산 월 14일 / 봄	우리의 개인적인 구원
무교절	니산 월 15-21일 / 봄	죄도 없고 썩지도 않는 메시아의 몸
초실절	니산 월* / 봄	메시아의 부활
샤부오트 / 성령강림절	시반 월* / 봄	하늘의 선물, 토라와 성령
로쉬 하샤나	티슈리 월 1일 / 가을	세상에 대한 심판의 시작
욤 키푸르	티슈리 월 10일 / 가을	속죄를 위한 이스라엘 국경일
장막절	티슈리 월 15일 / 가을	메시아의 통치 그분이 우리 가운데 장막을 치심

*초실절과 샤부오트는 유월절을 기준으로 정하기 때문에 날짜가 명시되지 않는다(역자 주).

하나님이 이르시되
하늘의 궁창에 광명체들이 있어
낮과 밤을 나뉘게 하고
그것들로 징조와 계절과
날과 해를 이루게 하라

창 1:14

유월절, 창세부터  죽임당한 어린 양

로마 병정들이 예수님을 십자가에 못 박은 시각은 그날 제3시경이었다(막 15:24-25). 오전 제9시는 아침 희생제사를 드리는 시간이다. 모두가 아침 희생제사에 맞춰 시편 118편을 노래할 때, 예수님은 십자가에 묶이셨다. 바로 제사장이 오후에 잡을 유월절 어린 양을 제단 뿔에 묶는 시간이었다. 얼마나 놀라운 연출인가! 오직 대가만이 그러한 걸작품을 기획할 수 있다! 다윗 왕은 천 년 전에 미리 메시아의 죽음에 불러야 할 노래를 지었다! 어린 양을 제단에 묶는 바로 그 시간에 사람들은 예수님을 십자가에 묶으면서 이렇게 노래하였다. "여호와는 하나님이시라 그가 우리에게 빛을 비추셨으니 밧줄로 절기 제물을 제단 뿔에 맬지어다"(시 118:27).

우리는 봄 절기들을 살펴보면서 보물찾기를 이어갈 것이다. 먼저 하나님께서 그것들을 얼마나 세밀하게 계획하셨는지 알아보자. 성경은 "창세부터 죽임 당한" 어린 양이 있었다고 말하는데(계 13:8),[1] 이것은 메시아의 죽음이 천지창조 때부터 계획되었음을 의미한다. 예수님의 죽음은 하나님 아버지께 놀라운 일이 아니었다. 하나님은 '이미' 그를 부활시키려고 계획해 놓으셨다!

만약 부모가 자신의 자녀가 죽게 된다는 것을 안다면, 얼마나 초조하겠는가? 그런데 하나님은 완벽하게 평정을 유지하셨다. 하나님은 그 아들을 장사지내실 때, 거기에 전념하셨다! 하나님은 아들의 죽음과 관련하여 미리 그 방법과 정확한 날짜를 정해 놓으셨다. 그런데 날짜뿐만 아

---

[1] 저자의 해석은 영역본 KJV에 근거하고 있다(And all that dwell upon the earth shall worship him, whose names are not written in the book of life of the Lambs lain from the foundation of the world, 역자 주).

니라 정확한 시간까지 계획하셨다.

하나님은 총감독으로서 기념식을 위해 모든 것을 세밀하게 계획하셨다. 심지어 수천 년 전에 무슨 노래를 부를지도 정하셨다! 하나님께서는 예수님이 죽임 당하시기 천 년 전에 다윗 왕에게 영감을 주셔서 그 운명의 날 불러야 할 노래를 쓰게 하셨다!

우리는 먼저 성경의 달력 체계를 이해해야 한다. 이것에 대한 자료는 인터넷에서 무료로 다운받을 수 있는데, 한번에 전 세계가 사용하는 달력과 유대 달력을 함께 볼 수 있다.[2] 일상 생활과 관계가 깊은 일반력은 현재 우리가 사용하는 달력의 9월경에 해당하는 티슈리 월 1일, 천지창조 때부터 시작된다. 하나님께서는 후에 '모에딤' 주기, 또는 신성한 약속 시간을 따르는 종교력을 제정하셨다(출 12:2).

이스라엘은 현재 우리가 사용하는 달력으로 3월 말 또는 4월 초에 해당하는 니산 월 14일, 곧 봄에 여호와의 유월절을 지켰다(민 9:1-5). 니산 월은 종교적인 주기의 첫 번째 달인 반면, 티슈리 월은 일반력의 첫 번째 달이다. 그런데 성경에서는 유월절에 관한 모든 예식들을 상세하게 다루지 않는다. 그래서 이 절기와 관계된 예식을 이해하려면 유대 역사에서 비롯된 몇 가지 배경들이 필요하다.

---

[2] 예를 들면, www.aish.com 사이트(http://www.aish.com/jewish-calendar/)와 www.hebcal.com 사이트(http://www.hebcal.com/)를 참조.

우상들에 대한 심판

이 이야기는 3,500년 전 애굽에서 시작된다. 하나님은 모세에게 약속의 땅으로 나아갈 때가 되었다고 말씀하셨다! 그분은 먼저 이스라엘이 당했던 악한 일들을 심판하셨다. 그들은 심판이 가해자들에게 해당되는 것임을 깨달아야 했다. 많은 사람들이 열 가지 재앙의 대상이 애굽의 신들임을 모르고 있다. 당시 하나님께서는 애굽의 모든 신들을 심판하실 것이라고 말씀하셨다(출 12:12). 바로 또한 스스로 신이라고 생각했기 때문에 심판을 받아야 했다.

모세와 아론이 바로 앞에 나오면서 대대적인 전쟁이 시작되었다. 하나님의 말씀대로 바로 앞에 선 아론이 지팡이를 던지자 뱀이 되었다! 그러나 바로는 쉽게 이스라엘 백성들을 놓아 주지 않았다. 이것은 단지 시작이었다.

심판받은 첫 번째 신은 나일 강의 신 '하피'였다. 강이 피로 변한 것은 이 거짓 신의 죽음을 상징한다. 다음에는 개구리 재앙이 닥쳤다. 당시 애굽인들은 '헤케트'라는 개구리 여신을 섬겼다. 그들이 개구리를 좋아했기 때문에 하나님은 수많은 개구리들을 보내셨다! 그리고 그들이 더 이상 참지 못하여 모세에게 도움을 청하자 모든 개구리들이 죽었다. 세 번째로 쓰러진 신은 흙의 신 '게브'이다. 하나님은 '흙', 또는 티끌을 이로 바꾸셨다.

그 다음 재앙은 '슈'라는 대기의 신에게 임했다. 이 신은 공중의 대기를 상징했기 때문에 하나님은 날아다니는 파리들로 공중의 대기를 가득 채우셨다. 이후 하나님은 육체를 입은 신으로 여겨지던 황소의 신 '아피스'에게 재앙을 내리셨다.

애굽인들이 치료의 도구들을 운반한다고 믿던 '헤카'는 마술과 의학의 신이었다. 하나님은 그 신에 대한 애굽인들의 신뢰를 무너뜨리시고자 모든 사람에게 종기가 나게 하셨고, 그들은 결국 모세에게 치료해 달라고 간청하였다.

다음은 영원의 신으로 알려진 '너트'였다! 인간을 하늘로부터 보호하는 것이 바로 '너트'의 일이었는데, 하나님은 우박 재앙을 내려 그 신의 무능함을 보여 주셨다. 이어진 메뚜기 재앙은 들판의 신 '아누비스'를 모욕하는 것이었다. 이어서 하나님께서는 그 땅을 3일 동안 흑암으로 덮어 태양신 '라아'를 부끄럽게 하셨다.

그리고 최종적으로 하나님께서는 사람과 짐승의 첫 소생을 모두 죽이셨다. 이것은 인간의 창조주로 추앙받던 '아몬-라아'라는 신을 직접적으로 치신 사건이었다. 이 신은 숫양으로 상징되는데, 하나님께서는 이스라엘 백성에게 어린 양의 피를 문설주에 바르고 이 마지막 재앙에서 살아남으라고 말씀하셨다. 애굽의 별자리에 따르면, 현재 유대교의 첫 번째 달이기도 한 봄의 첫 번째 달이 바로 이 신이 주관하는 달이다. '아리스'(Aries, 양자리)는 고대 천문학에서 '양'을 뜻하는 라틴어로 '아몬-라아' 신과 관계가 있다. '아리스'는 춘분점에 위치해 있어서 '재탄생하는 태양의 지표'라고 불렸다.[3]

---

[3] Julius D. W. Staal, The New Patterns in the Sky: Myths and Legends of the Stars (n.p.: McDonald and Woodward, 1988).

하나님은 애굽의 숫양 신을 밖에서 굽도록 지시하셨다. 모든 애굽 사람들이 보는 앞에서 그들이 신으로 섬기는 숫양을 점심으로 먹는 이스라엘 백성들은 어떤 기분이었을까? 하나님께서는 또한 이스라엘에게 반드시 그 피를 집 바깥에 두도록 하셨다. 이로써 애굽 사람들은 히브리 노예들이 자신들의 신을 열외시키는 것을 보게 되었는데, 이것은 엄청난 도발이었다!

더구나 이 일은 애굽 신의 힘이 절정이어야 하는 춘분의 보름 양자리에서 일어났다. 하나님께서 그를 끌어내리신 것이다! 마치 하나님께서 온 세상에 "애굽의 신은 이스라엘의 구원을 위해 죽임 당할 어린 양의 모조품"이라고 말씀하시는 것 같았다. 애굽 사람들이 섬기는 양의 피를 문 밖에 둠으로써, 이스라엘 사람들은 "이방의 우상은 여기서 끝이다"라고 선언하였다.

하나님께서 모세에게 그 손에 있는 지팡이로 '이적'을 행하라고 말씀하셨을 때(출 4:17), '오우트'라는 세 글자로 된 히브리어 אות를 사용하셨다. 히브리어는 오른쪽에서 왼쪽으로 읽는데, 오른쪽부터 순서대로 '알렙', '바브', 그리고 '타브'이다. '알렙'과 '타브'는 히브리어 알파벳의 첫 글자와 마지막 글자이다. 흥미롭게도 '알파와 오메가' 역시 그리스어 알파벳의 처음과 마지막 글자로, 예수님이 자신을 처음과 마지막이라 선포하실 때 여러 번 사용하셨다(계 1:17, 2:8, 22:13). 처음과 마지막은 오직 하나이다!

이사야서에서 이스라엘의 하나님은 자신을 처음과 마지막이라고 부르셨다(41:4, 44:6, 48:12). 히브리어로는 '알파와 오메가' 대신 '알렙타브'(את)

가 시작과 끝이며, 이것은 하나님을 나타낸다. 놀랍게도, 요한이 일곱 금 촛대 사이에서 불꽃같은 눈과 함께 보았던 분도 바로 이 '알렙타브'였다(계 1:12-14). 그 את가 요한에게 "나는 처음이요 마지막이니 곧 살아 있는 자라 내가 전에 죽었었노라 볼지어다 이제 세세토록 살아 있어"(계 1:17-18)라고 말씀하셨다. 죽었다가 죽은 자 가운데서 일어나신 분이 바로 그 '알렙타브'였던 것이다!

그런데 이것이 왜 중요할까? 출애굽기 4장에서 '이적'을 나타내는 히브리어 단어는 '알렙'과 '타브' 사이에 '바브'라는 철자가 있다(אות). 출애굽기에서 문설주의 피는 이스라엘 사람들의 각 집에 '표적'이 되었다(출 12:13). 하나님께서 그 피를 보시고 넘어가셔서 그 집에는 재앙이 임하지 않았던 것이다. 그런데 여기서 '표적'(이적)으로 번역된 히브리어는 발음은 같지만 철자가 다르다. 이것은 매우 이례적인 일이다! 여기서는 '알렙-바브-타브' 대신 '알렙-타브', 즉 את라고 썼다! 나는 이것을 장차 하나님의 구원을 인간에게 가져다 줄 '알렙타브'의 피에 적용한다! 계시록 12장 11절에서 "또 우리 형제들이 어린 양의 피와 … 말씀으로써 그를 이겼으니"라고 한 것처럼 말이다.

흠 없는 어린 양

이제 출애굽기로 다시 돌아가 보자. 이야기는 계속되어 하나님께서 이스라엘에게 흠이 없고 1년 된 숫양을 취하라고 하신다. 이때는 첫 번째 달, 곧 니산 월 10일로 유월절까지는 나흘 남았을 때이다. 그리고 유월절 저녁에 양을 잡아서 그날 밤에 먹는데, 이것을 여호와의 유월절이라고 부른다. 그들은 또한 7일 동안 무교병을 먹고, 영원한 규례로 유월절 희생을 지키라는 명령을 받았다.

민수기 9장 3절에서는 니산 월 14일에 "그 모든 율례와 그 모든 규례대로" 유월절을 지키라고 명한다. 문제는 그 다음이 전혀 언급되지 않았다는 것이다. 여기에 빠져 있는 세부 사항을 찾으려면 유대 역사로 가야 한다.

수천 년 동안 전해져 내려 온 유월절 예식들 가운데 하나는 무교절 기간에 집안에서 누룩을 없애는 것이다. 여기서 사실상 봄맞이 대청소라는 개념이 나온다. 신명기 6장 7절에서 이스라엘은 자녀들에게 여호와의 계명을 가르치라는 명령을 받는다. 그래서 가르치는 데 도움이 되도록(그리고 아이들이 즐겁게 복습할 수 있도록) 부모들이 집안의 모든 누룩을 제거한 후, 약간의 누룩을 숨겨 놓고 아이들이 찾게 한다. 아버지가 촛불을 켜면, 그때부터 누룩을 찾는 즐거운 놀이가 시작된다.

누룩 있는 곳을 찾은 아이들은 기뻐하며 아버지에게 알린다. 아버지는 아이들이 그것을 만지지 못하게 한 뒤 자신이 제거한다. 그는 깃털로 조심스럽게 누룩을 나무 숟가락에 쓸어 담는다. 그 후 면으로 된 천에 누룩이 담긴 나무 숟가락을 싸서 공동 소각장으로 가져간다.

"주의 말씀은 내 발에 등이요 내 길에 빛이니이다"라는 시편 119편 105절의 말씀처럼 아버지가 켜는 초는 하나님의 말씀을 나타낸다. 깃털은 "그가 너를 그의 깃으로 덮으시리니"(시 91:4)라는 말씀에서 알 수 있듯이 '루악 하코데쉬'[4] 즉 성령을 상징한다. 그리고 누룩은 없애버려야 할 죄를 나타낸다. 우리는 메시아께서 우리의 죄(누룩)를 취하셨음을 안다(고후 5:21).

한 가지 놀라운 사실은 우리의 '집' 또는 삶 가운데 누룩이 생겼을 때, 옛날의 히브리인 아버지들과 마찬가지로 우리의 하늘 아버지께서 그것을 제거해 주시겠다고 말씀하신다는 것이다. 그분은 성령의 깃털로 조심스럽게 우리의 누룩을 모으셔서 나무 숟가락, 곧 나무로 만든 십자가에 담으신다. 다음에 그것을 면으로 싸시는데, 이것은 메시아께서 밖에 버린 바 되어 희생제물이 되신 것과 같다(막 15:46, 히 13:13).

비록 고대 히브리인들의 자녀들은 발견한 누룩을 만지지 말라고 교육 받았지만, 그들이 유월절에 누룩을 없애는 일에 참여하는 것은 매우 중요했다. 요한복음 2장에서 예수님이 성전에서 장사하는 자들과 돈 바꿔 주는 사람들의 상을 뒤엎으신 것은 무교절을 준비하는 하나님 아버지의 집에서 누룩을 없애는 일에 참여하신 것이었다(요 2:13-15). 사도 바울 또한 우리가 매년 이 절기를 지키면서 누룩으로부터 깨끗하게 할 것을 상기시켰다(고전 5:7-8).

유월절 어린 양은 흠이 없어야 하며 첫 번째 달 10일에 정해서 나흘 동안 놔두어야 했다. 그동안 잘 보살펴 어떠한 흠도 생기지 않도록 해야 하는데, 이것은 신성한 예행연습이라고 할 수 있다. 메시아에 관해 성경에서 발견한 것을 살펴보자.

---

4) 히브리어로 '루악'은 '바람, 영', '하코데쉬'는 '거룩'이라는 의미의 '코데쉬'에 정관사가 붙었다. 따라서 '루악 하코데쉬' 자체가 '성령'이라는 뜻이다(역자 주).

요한복음 12장에서 주님은 유월절 엿새 전에 베다니의 나사로를 방문하셨다. 유월절이 14일이라면, 엿새 전은 8일이다. 그 다음 날 예수님은 예루살렘으로 향하셨는데, 이날은 9일이며, 어린 양이 나흘 동안 조사를 받으러 예루살렘으로 들어가는 날은 10일이다. 니산 월 10일은 이스라엘이 유월절 어린 양을 선택하는 날이었다.

예수님께서 베다니를 출발하여 감람 산을 넘어 동쪽 문을 지나 성전에 들어가셨을 때, 많은 무리가 종려 가지를 들고 그분을 맞으며 이렇게 소리쳤다. "호산나 찬송하리로다 주의 이름으로 오시는 이 곧 이스라엘의 왕이시여!"(요 12:13) 이 말은 시편 118편 26절에서 왔다. 이스라엘에서는 유월절에 '할렐'로 알려진 시편 113-118편을 특별한 시간대에 노래한다. 이것은 큰 무리가 유월절 어린 양들을 몰고 성전 북쪽에 있는 양의 문을 통과할 때 실제로 부르던 노래이다. 그런데 예수님께서 같은 시간에 동쪽 문을 지나 성전에 들어가실 때, 사람들이 예수님을 향해 동일한 노래를 불렀다는 사실은 우리가 한 번 짚고 넘어 갈 문제이다.

유월절 어린 양을 선택한 후엔 나흘간 조사하였다. 그런데 예수님께서도 나흘간 조사를 받으셨다. 바리새인들은 그분을 시험했다. 헤롯 당원들, 대제사장들, 장로들, 공회, 빌라도, 헤롯, 심지어 그분과 함께 십자가에 달렸던 강도까지 그렇게 했으나 그분에게서 아무런 흠도 찾을 수 없었다(막 12:13, 마 26:59-60, 눅 23:13-15, 39-41). 그 어린 양은 흠이 없는 것으로 판명되었다!

예수님의 마지막 유월절 식사('세데르')인 최후의 만찬에서 주님과 그분의 제자들은 감람 산으로 나아가기 전에 찬송을 했는데(마 26:30), 그들이 부른 노래가 바로 '할렐'이었다. 아마도 시편 118편이 그 산을 향해 출발하기 전에 부른 마지막 노래였을 것이다. 그렇다면 그분이 배신당하고 버림받으시기 직전에 불렀던 가사는 무엇이었을까? "건축자가 버린 돌이 집 모퉁이의 머릿돌이 되었나니 이는 여호와께서 행하신 것이요 우리 눈에 기이한 바로다"(시 118:22-23). 이 얼마나 정교한 역사인가? 이 놀라운 발자취는 계속된다.

로마 병정들이 예수님을 십자가에 못 박은 시각은 그날 제3시경이었다(막 15:24-25). 오전 제9시는 아침 희생제사를 드리는 시간이다. 요세푸스에 따르면, 예수님 당시에 270만 200명의 사람들이 유월절에 참석했다고 한다.[5] 200만 명이 넘는 사람들의 합창을 상상해 보라. 모두가 아침 희생제사에 맞춰 시편 118편을 노래할 때, 예수님은 십자가에 묶이셨다. 바로 제사장이 오후에 잡을 유월절 어린 양을 제단 뿔에 묶는 시간이었다. 얼마나 놀라운 연출인가! 오직 대가만이 그러한 걸작품을 기획할 수 있다! 다윗 왕은 천 년 전에 미리 메시아의 죽음에 불러야 할 노래를 지었다! 어린 양을 제단에 묶는 바로 그 시간에 사람들은 예수님을 십자가에 묶으면서 이렇게 노래하였다. "여호와는 하나님이시라 그가 우리에게 빛을 비추셨으니 밧줄로 절기 제물을 제단 뿔에 맬지어다"(시 118:27).

그러면 십자가가 세워질 때, 메시아의 귀에는 어떤 노래 소리가 들렸을까? "여호와는 나의 능력과 찬송이시요 또 나의 구원이 되셨도다." 우리는 '예슈아'가 '구원'을 의미한다는 사실을 안다. 사람들은 계속해서 노래했다. "여호와의 오른 손이 높이 들렸으며"(시 118:14, 16). 참으로 믿을

---

5) lavius Josephus, The War of the Jews, bk. 6, chap. 9.3.

수 없는 사실 아닌가? 언덕 주변의 군중들이 "여호와의 오른 손이 높이 들렸으며"라고 노래할 때, 메시아는 땅에서 들리셨다. 그리고 오후 제3시에 예수님이 숨을 거두셨는데, 그때는 저녁 제사를 드리는 시간이자 마지막으로 유월절 어린 양을 죽이는 시간이었다.

이 모든 극적인 사건들이 시간적으로 꼭 들어맞는 것은 인간의 일들을 완벽하게 통제하시는 하나님이 지휘하셨기 때문이다! 그래서 이전과 전혀 다르게 유대적 신앙의 뿌리를 회복하는 것이 하나님을 향한 열정에 불을 붙이게 된다. 그것은 아브라함과 이삭과 이스라엘의 하나님에 대한 우리의 믿음을 더 깊은 곳으로 인도한다.

유월절에 참여하는 200만 명 이상의 사람들을 위해 얼마나 많은 양들이 죽어야 했을까? 보통 양 한 마리를 열 사람이 먹는다고 하면, 하루에 25만 마리 이상의 양을 잡아야 한다![6] 25만 마리의 양이 흘린 피가 성전 제단 아래로 쏟아지는 광경을 상상해 보라! 양 한 마리가 1쿼트[7] 정도의 피를 흘린다고 해도, 전체적으로 6만 갤런[8] 이상의 피가 그날 하루에 흘려졌다고 할 수 있다. 이 모든 피는 어디로 가겠는가?

성전산 아래에는 분문을 통과해서 남쪽으로 힌놈의 골짜기까지 흘러가는 하수 시설이 있었다. 아울러 거기에는 거대한 수조가 있어서 오물들이 피의 계곡으로 씻겨 내려갈 수 있도록 했다. 힌놈의 골짜기는 쓰레기 처리장이었다. 유월절 어린 양들이 도살될 때, 성전산 오른쪽으로 쏟

---

6) Ibid.

7) 1쿼트 = 약 1리터(역자 주)

8) 1갤런 = 약 3.7리터(역자 주)

아져 내리는 수만 갤런의 물과 피의 강물을 상상해 보라. 성전은 동쪽에 있었기 때문에 피의 계곡은 남쪽, 또는 오른쪽에 있었다.

요한복음 19장 34절은 한 병사가 예수님의 옆구리를 찔렀더니 피와 물이 쏟아졌다고 기록하고 있다. 하나님 아들의 옆구리에서 피와 물이 쏟아질 때, 지성소에 계시는 아버지의 허리 오른쪽에서 물과 피의 강이 흘렀다는 사실이 놀랍지 않은가?

유대인들이 애도하는 예식 중에 '케리아', 즉 옷을 찢는 것이 있는데, 이것은 슬픔을 나타내는 가장 강력한 표현으로 창세기에서 르우벤이 요셉이 팔려 간 것을 알게 됐을 때, 그리고 야곱이 피 묻은 요셉의 채색옷을 보고 그가 죽었다고 생각했을 때 보인 행동이다(창 37:29-34). 다윗도 사울이 죽었다는 소식을 듣고 자기 옷을 찢었다(삼하 1:11). 욥은 아들들이 죽었다는 소식에 옷을 찢었다(욥 1:20). 이처럼 '케리아'는 비통한 사람들이 억눌린 분노를 표현할 수 있도록 종교적으로 승인된 방식이다. 그런 의미에서 성전의 휘장이 위에서 아래로 찢어진 것은 바로 아들의 죽음에 대한 하늘 아버지의 깊은 슬픔을 표현한 것이었다(마 27:51).

유대적 관점으로 보기

나는 하나님의 말씀을 연구할 때 유형들을 조사한다. 유대적 관점에서 성경 본문을 연구하면, 전에는 결코 보지 못했던 것들을 볼 수 있는 통찰력이 생긴다. 나에게는 성경이 마치 천 개의 조각으로 이루어진 퍼

즐과 같다. 유대인들이 절반을 갖고 있고, 기독교인들이 또 다른 절반을 가지고 있어서 어느 쪽도 전체적인 그림이 무엇인지를 정확히 알지 못한다. 우리가 가진 조각들은 이해하기 어렵고 다른 것과 맞지 않는 것처럼 보인다. 서로가 자신들만이 퍼즐의 모든 조각을 가졌다는 생각으로 자만심과 적개심에 빠져서는 그것을 풀 수 없다.

여기서 잠시 유형들을 통해 신약성경의 본문을 히브리 방식으로 이해하는 예를 소개하겠다. 마가복음에는 예수님이 안식일에 회당에서 한쪽 손이 마른 사람을 만나시는 장면이 나온다(막 3:1-6). 바리새인들은 안식일임에도 예수님이 그 사람을 고치시면 '토라'를 어겼다고 기소하기 위해 그 상황을 주목하고 있었다. 사실 바리새파에도 여러 부류가 있었고, 모두가 똑같은 가르침을 고수한 것은 아니었다. 어떤 바리새인들은 안식일에 치료할 수 있다고 믿었고, 그렇게 하면 안 된다고 생각하는 이들도 있었다. 본문의 '고발'(기소)에 해당하는 그리스어 단어에서 '범주화하다'를 뜻하는 영어 단어 '카테고라이즈'(categorize)가 파생되었다. 그들은 예수님을 고발하는 동시에 그분을 다른 범주에 놓으려고 했다.

예수님은 한쪽 손 마른 사람을 한가운데 세우시고 사람들에게 물으셨다. "안식일에 선을 행하는 것과 악을 행하는 것, 생명을 구하는 것과 죽이는 것, 어느 것이 옳으냐?" 그들은 불빛에 놀란 사슴처럼 아무 말도 못하고 잠잠했다. 예수님은 그들의 마음이 완악한 것을 슬퍼하시며 그 사람에게 명령하셨다. "네 손을 내밀라!"(막 3:5) 그가 주님의 말씀에 순종하자 즉시 그의 손이 나왔다.

바리새인들은 나가서 헤롯당과 함께 어떻게 그분을 죽일까 의논했다. 한편 청중들은 단순히 누군가를 치료한 것 때문에 예수님을 죽이려고 하는 바리새인들을 몰상식한 사람들이라고 생각했을 것이다. 그런데 여기에는 훨씬 더 깊은 사연이 있다. 문제는 그날 예수님이 행하신 일이 아니라, 그분의 말씀이었다.

바리새인들은 예수님을 어떤 범주에, 어떤 틀 안에 가두려고 했다. 그러나 주님이 오히려 그들을 신학적인 틀 안에 끼워 넣으시는 바람에 게임이 끝나 버렸다! 예수님께서 그들의 의도를 뛰어넘어 단번에 그들을 꼼짝 못하게 하셨던 것이다. 그래서 그들은 분노했다!

사실 그 병자는 주님께 치유를 요청하지 않았다. 그냥 거기에 있었을 뿐이다. 그런데 주님께서 그의 질병을 가르침의 기회로 바꾸셨다. 결국 그것이 안식일에 회당에서 해야 할 일이었다. 바리새인들은 예수님을 '모세의 올무'로 잡으려 했다. 그들은 그분이 바로 모세에게 말씀을 주신 분이라는 사실을 전혀 깨닫지 못하고 있었다! 그래서 예수님은 다음과 같이 말씀하셨다. "너희가 원한다면, 그렇게 하자. 그러나 너희가 갇히게 될 것이다!"

당시 바리새인들이 잘 알고 있는 두 가지 구약 본문이 있었다. 첫 번째는 신명기 11장 26-28절로, 모세는 백성들에게 여호와의 계명들을 순종하면 복이, 그렇지 않으면 저주가 임할 것이라고 말하였다. 두 번째는 신명기 30장 15-18절로, 모세는 그들 앞에 "생명과 복과 사망과 화"를 제시하였다. 우리는 항상 선택해야 한다. 모세는 그들에게 만약 그들이 여호와를 사랑한다면, 그분의 방식대로 행하고 그분의 법과 규례들을 지키라고 하였다. 그러면 그들이 번성할 것이며, 여호와께서 그들에게 복을 주실 것이다! 그러나 그들이 다른 마음을 먹으면 멸망할 것이다.

이제 예수님께서 바리새인들에게 모세의 기준에 따라 말씀하신다. "너희들의 말이 맞다. 모세의 법이 안식일에 금지하는 것들이 있다. 그런데 우리가 안식일을 지키고 있는 이 자리에는 치료가 필요한 사람이 있다. 자, 모세가 했던 대로 내가 너희에게 선택권을 줄 것인데, 너희가 순종하면 복을 받고 불복하면 저주를 받을 것이다. 순종한다는 것은 생명과 복(선)을 추구함이요, 불순종은 사망과 화를 자초하는 것이다. 너희는 참으로 모세가 가르친 대로 안식일을 지키고 있는가? 만약 그렇다면, 너희는 분명 내가 생명과 복(선)을 선택하기 원할 것이다. 그런데 만약 그렇지 않다면, 누가 나를 모세의 법을 지키지 않는다고 고발하겠는가?"[9]

이것은 바리새인들에게 매우 껄끄러운 질문이었다. 그들은 예수님께서 이렇게 단호한 해석과 함께 모세의 가르침을 재연하리라고는 예상하지 못했다. 이러한 선택의 순간에 직면한다면, 당신은 어떻게 말하겠는가? 그들은 주님이 무슨 말씀을 하시는지 정확하게 알았다. 그들은 완전히 얼어붙었다. 그들은 모세를 이용해서 그분을 공격하려 했는데, 오히려 그분의 질문으로 그들과 그들의 생각이 모세의 공격을 받게 되었다. 그들은 어떻게 반응했을까? 완전히 침묵했다.

마음의 완악함으로 그 누구보다 고통을 겪었던 사람은 애굽의 바로이다. 하나님은 모세를 통해 바로에게 "내 백성을 보내라"고 말씀하셨다. 그러나 바로는 항상 결정적인 순간에 마음을 모질게 먹었다. 그는 긍휼

---

[9] 저자는 "안식일에 선을 행하는 것과 악을 행하는 것, 생명을 구하는 것과 죽이는 것, 어느 것이 옳으냐"(막 3:4)는 예수님의 말씀이 신명기 30장 15절의 "생명과 복과 사망과 화"라는 표현을 인용한 것이라고 본다. 한글 개역개정에서 '복'이라고 번역한 신명기 30장 15절의 הטוב(하토브)라는 단어는 영어에서 그 상대어인 'good'으로 번역되는데, 영어나 히브리어나 이 단어는 '좋은 것'(복)과 '선'(善)이라는 이중적 의미를 갖는다. 마찬가지로 우리말의 '화'(禍)로 번역된 단어 역시 히브리어와 영어에서는 '악'이라는 의미도 있다(역자 주).

을 베푸는 대신 이스라엘 백성을 압제했다.

바리새인들에게 모세를 아주 정확하게 해석해 주신 예수님은 한 걸음 더 나아가셨다. 그분은 여호와 하나님의 역할을 수행하시면서 마음이 완악한 바리새인들을 마치 이스라엘 백성을 보내지 않던 바로처럼 여기셨다. 한쪽 손이 마른 사람은 애굽에 속박된 이스라엘 백성과 같은 상태였다. 예수님은 그에게 말씀하셨다. "네 손을 내밀라."

출애굽 이야기에서는 하나님께서 손을 내미시는 장면이 반복해서 나온다(출 3:20, 6:6, 7:5, 9:15). 하나님께서는 애굽에 재앙을 내리실 때도 여러 번 모세에게 "네 손을 내밀라"고 말씀하셨다(출 7:19, 8:5, 9:22). 이스라엘의 구속과 구원의 절정은 여호와께서 모세에게 바다 위로 그의 손을 "내밀라"고 말씀하시는 장면이다.

먼저 여호와께서는 모세에게 손을 내밀어 바다를 가르게 하신 후 이스라엘 자손들이 마른 땅을 통과하게 하셨다. 그때 여호와께서 "내가 애굽 사람들의 마음을 완악하게 할 것인즉 그들이 그 뒤를 따라 들어갈 것이라"(출 14:17)고 말씀하셨다. 그 후 모세가 다시 손을 내밀자 바다의 힘이 회복되어 애굽 사람들이 빠져 죽었다(출 14:27). 이것은 한쪽 손 마른 사람의 손이 회복된 것과 같다. 이 모든 사건이 첫 번째 유월절 직후에 일어났음을 기억하라.

유월절 이야기는 모든 유대인들에게 핵심적인 것이었기 때문에 회당에 있던 청중들에게 매우 익숙했다. 그들은 분명히 바로의 완악한 마음과 자신들의 완악함 사이에 관계가 있음을 눈치챘을 것이다. 그들은 또한 예수님이 그 병자의 '생명과 선'을 자신들이 거부한 것을 지적하셨음을 알았다. 그래서 그들이 그렇게 광분했던 것이다.

그러나 정말로 그들이 핏대를 올린 이유는 따로 있었다. 레위기 23장에 의하면 무교절 기간은 7일이며, 첫날과 마지막 날은 안식일로 지킨다.10) 이스라엘 자손들은 항상 절기 마지막 날에 홍해를 건넜다고 배운다. 그렇다면 예수님은 모세의 율법으로 도전하는 바리새인에게 심지어 모세도 안식일에 그의 손을 내밀었다는 사실을 상기시켜 주신 것이다! 덧붙여 안식일에 모세가 손을 내밀 때 구원과 심판이 임했다. 하나님께 순종하는 자들에게는 구원이요, 그렇지 않은 사람들에게는 심판이었다! 마찬가지로 한쪽 손 마른 사람이 손을 내밀었을 때, 그 사람에게는 생명(구원)이, 바리새인들에게는 심판이 임했다.

예수님은 청중들에게 폭탄과 같은 메시지를 던지셨다. 주님은 그들이 제멋대로 만들어 낸 모세의 이미지를 보여 주셨다. 그들은 하나님이 지시하신 대로 안식일에 생명을 주는 일을 했던 진정한 모세가 아닌 거짓 모세를 따르고 있었다. 이것이 그들의 신앙에 큰 도전이 되자 그들은 주님을 죽이려고 계획했다.

오늘날 많은 사람들이 자신들이 하나님 안에서 창조되었다는 사실을 깨닫기보다는 자기들 멋대로 하나님을 만들어 낸다! 이것이 바로 흑인 예수, 중국인 예수, 히스패닉 예수, 그리고 심지어 금발에 푸른 눈을 한 백인 예수가 존재하는 이유이다.

신앙의 뿌리로 더 깊이 들어갈수록 우리는 훨씬 더 많은 것을 볼 수

---

10) 정확하게 표현하면, 이날들은 '욤 토브'이다. '욤 토브'는 안식일과 비슷하지만, 불을 피우고, 요리하고, 상을 차리는 일 등이 허락된다(역자 주).

있다. 이제 유월절 주간을 더 살펴본 후 나머지 봄 절기들에 대해서도 알아보자.

오순절로 향하는 무교절

모든 애굽 사람들이 장자들을 매장한 날이 바로 니산 월 15일이다(민 33:3-4). 그런데 장자이신 예수님 또한 무교절 첫날에 장사되셨다는 사실이 매우 흥미롭다. 우리는 성경을 통해 누룩이 죄를 의미한다는 것을 안다. 7일간 무교절을 지키고 '마짜'를 먹는 것은 이사야 53장 9절에서 선포한 대로 메시아께서 죄가 없으셨음을 기억하는 방법이었다. "그는 강포를 행하지 아니하였고 그의 입에 거짓이 없었으나."

God's Day Timer

니산 월 14일의 유월절에 이어 15일부터 무교절이 시작된다(레 23:6-8). 이때부터 7일간 이스라엘 사람들은 누룩이 없는 빵을 먹어야 한다. 무교절 첫날은 그날이 평일이라도 안식일로 지킨다. 레위기에 따르면 무교절 첫째 날과 마지막 날을 모두 안식일로 지킨다. "그 첫 날에는 … 아무 노동도 하지 말지며 … 일곱 째 날에도 아무 노동도 하지 말지니라"(레 23:7-8).**1)** 따라서 이 시기에는 두 주간에 네 번의 안식일을 갖게 된다.

모든 애굽 사람들이 장자들을 매장한 날이 바로 니산 월 15일이다(민 33:3-4). 그런데 장자이신 예수님 또한 무교절 첫날에 장사되셨다는 사실이 매우 흥미롭다. 우리는 성경을 통해 누룩이 죄를 의미한다는 것을 안다. 7일간 무교절을 지키고 '마짜'**2)**를 먹는 것은 이사야 53장 9절에서 선포한 대로 메시아께서 죄가 없으셨음을 기억하는 방법이었다. "그는

---

1) 십계명의 안식일 규정에서는 '모든 일'을 금지한 반면, 무교절 첫 날과 마지막 날에는 일이 아니라 '모든 노동'이 금지되어 있다. 이러한 차이 때문에 유대교 할라카(법)에서는 이날을 '욤 토브'라고 부르면서, 안식일과 달리 불을 피우고 요리하는 것을 허락한다(역자 주).

2) 히브리어로 누룩 없는 빵(무교병)을 말한다(역자 주).

강포를 행하지 아니하였고 그의 입에 거짓이 없었으나." 우리는 죄 없으신 주님의 삶을 우리 삶으로 끌어들일 필요가 있음을 기억하기 위해 마짜를 먹는다.

부활의 첫 열매

무교절 주간에 이스라엘은 또한 초실절을 기념했는데, 정확하게 추수한 보리의 첫 열매로 지켰다. 이스라엘은 그들이 추수한 것 가운데 한 단을 제사장에게 가져왔고, 제사장은 그것을 안식일 다음 날 여호와 앞에서 흔들었다(레 23:10-11). 이것과 관련된 논쟁이 3천 년간 계속되고 있는데, 이 안식일이 어떤 안식일을 말하고 있느냐에 관한 것이다. 그것이 토요일의 안식일을 말하는 것일까, 아니면 무교절 첫날인 니산 월 15일의 안식일을 말하는 것일까?

나의 의견은 11절에서 말하는 안식일이 토요일이라는 것이다. 그러므로 예수님은 해가 진 후 토요일 밤 어느 때엔가 죽은 자들 가운데서 일어나셨을 것이다.[3] 주님께서 그 주의 첫날 죽은 자들 가운데서 일어나심으로 부활의 첫 열매가 되신 것이다. 실제로 마가복음 16장 2절에서 여자들은 "안식 후 첫 날 매우 일찍이" 무덤으로 갔지만, 그곳은 비어 있었다.

---

3) 이스라엘(성경)에서 '하루'는 해가 진 후에 시작해서 다음 날 해가 질 때까지이므로 안식 후 첫날은 토요일 밤에 시작해서 다음 날(주일) 저녁까지이다(역자 주).

요한복음 12장 24절에서 예수님은 한 알의 밀알이 땅에 떨어져 죽으면 많은 열매를 맺는다고 말씀하셨다. 골로새서 1장 18절을 통해 우리는 메시아께서 장사되었다가 죽은 자들 가운데서 다시 살아나 첫 열매가 되신(고전 15:20) 바로 그 알곡이심을 알고 있다! 바로 그날 아침 제사 시간에 맞춰 수천 명의 사람들이 처음으로 수확한 곡식 한 단을 제사장에게 가져와 여호와 앞에서 흔들었다. 그런데 바로 그날 아침에 예수님이 무덤 밖에서 마리아에게 말씀하신 후(요 20:11-18) 아버지 앞에 서심으로, 초실절에 부활의 첫 열매이심을 나타내셨다! 이것 역시 믿기 어려운 매우 정확한 타이밍이다!

대제사장이 지상의 성전에서 첫 곡식단을 흔드는 그 순간에 예수님은 천상의 성전에서 아버지께 손을 흔들며 인사하셨다. 지상에서 제사장들이 수행하던 모든 일은 예언에 따라 하나님의 달력에 정해진 그 날짜에 성취될 실제 사건을 위한 신성한 예행연습이었다.

그런데 교회가 성경이 아닌 로마의 이교도들이 만든 달력을 사용함으로, 앞으로 20년 사이에 부활절이 유월절보다 한 달 앞서 오는 경우가 네 번이나 된다(2016년, 2024년, 2027년, 2035년). 우리는 신자로서 중요한 결단을 내려야 한다. 우리는 하나님께 순종해야 할까, 아니면 사람에게 순종해야 할까? 하나님의 달력에 맞춰 예수님의 부활을 기념해야 할까, 아니면 이교도의 달력을 따라야 할까?

이스라엘 백성들은 하나님의 달력에 있는 그 다음 신성한 약속시간까지 안식일 이튿날부터 50일을 세었다(레 23:15-17). 초실절 첫날부터 시작하여 50일을 세면 '샤부오트'에 이르게 된다. 성경에서는 이날을 칠칠절이라고도 하는데 50일까지 7주가 걸리기 때문이다(신 16:16). 많은 기독교인들이 오순절로 알고 있는 이날은 사도행전의 사건 전에 이미 1,500년 동안 유대인들에 의해 지켜지고 있었다. 신약의 사건 이후 무려 2천년이 지난 지금도 유대인들은 여전히 그것을 지키고 있다.

'샤부오트'는 또한 밀 이삭의 첫 열매를 가져오는 추수감사절로도 알려져 있다. 이 모든 절기들 또는 신성한 약속시간들은 하나님께서 예언하신 일들 가운데 계시되었다. 이것이 바로 복음서에서 예수님이 "추수할 것은 많되 일꾼이 적으니"(눅 10:2)와 같은 비유를 사용하신 이유이다. 주님은 분명히 그 나라 안에서 사람들이 추수되어야 한다고 말씀하셨다. 50일을 세는 것을 성경에서는 '오메르(오멜)를 세는 것'이라고 하는데, '오메르'는 성전으로 가져오는 첫 열매의 곡식단을 말한다. 예수님은 '오메르' 40일 째에 감람 산에서 승천하셨다. 예수님께서 부활하신 모습을 보이신 것은 모두 '오메르'를 세는 기간이었다.

약속된 시간의 비밀

여기서 잠시 사도행전으로 가 보자. 사도행전 2장에는 천하 각국에서 온 경건한 유대인들이 예루살렘의 한 곳에 모였다고 기록한다(행 2:1, 5). 각국에서 온 유대인들은 왜 거기에 있었을까? 주님께서 그들에게 거기에 있으라고 명령하셨기 때문이다. 사도행전 2장 5절에 '이방인들'이 거기에 있었다고 말하지 않은 점에 주목하라. 그곳에는 '경건한 유대인들'이 있었다.

성령은 이교 신전에서 음행을 하는 이방인들에게 갑자기 임한 것이 아니다. 성령은 하나님의 계명에 따라 그분이 정한 날, 그분이 요구하신 장소에서 예배하던 경건한 유대인들 위에 임했다. 본문은 계속해서 성령이 그날 제3시, 곧 오전 9시에 임하였다고 말한다(행 2:15). 그때는 바로 아침 제사 시간이었다! 이것은 약속된 시간에 대한 믿을 수 없을 정도로 놀라운 또 다른 예행연습이었다! 그날 3천 명의 유대인들이 그리스도인(메시아닉)이 되었다(행 2:41). 그리고 며칠 후 또 다른 5천 명의 유대인들이 메시아를 믿었다(행 4:4). 또 믿는 유대인 수만 명이 여전히 율법에 열성을 가진 것을 알 수 있다(행 21:20). 더구나 많은 제사장 무리가 예수님을 메시아로 믿었다(행 6:7). 이것은 추수감사절 기간의 또 다른 추수라 할 수 있다!

유대인들에게 '샤부오트'(오순절)는 3,500년 전 시내 산에서 '토라'를 받은 것을 기념하는 날이다. 그날 하나님께서는 하늘에서 떨어진 불 가운데서 이스라엘 백성들에게 말씀하셨고, 모세는 돌판에 기록된 열 가지 계명을 받기 위해 산으로 향했다. 유대인들은 매년 이것을 기념하기 위해 출애굽기 19-20장을 읽는다. 따라서 사도행전 2장에서 제자들은 밤새도록 하나님이 불 가운데 내려오신 내용을 읽었을 것이다. 그들은 또한 에스겔서의 첫 번째 장을 읽고 토론하면서 빛이 번쩍이고 불이 타오르는 가운데 나타나신 여호와의 영광에 대해 이야기했을 것이다. 제자들이 연구한 또 다른 본문은 에스겔 3장인데, 에스겔은 주의 영이 그를 들어 올리실 때, "크게 울리는 소리를" 들었다고 기록했다. 그는 크게 울리는 이 소리에 대해 두 번이나 언급했는데(겔 3:12, 13), 그들이 바로 이 구절들을 묵상할 때 급하고 강한 바람이 임했다! 참으로 놀랍도록 꼭 들어맞지 않는가?

그날 제자들은 룻기도 읽었다. 룻기는 이스라엘로 이주한 한 이방 여인이 유월절부터 '샤부오트'까지, 혹은 보리 추수 때부터 밀 추수 때까지 추수하는 내용이다(룻 2:23). 이렇듯 봄 절기에는 날짜뿐 아니라 정확한 시간까지 성취되었다!

사도행전 3장에는 베드로와 요한이 제9시 기도 시간에 성전으로 올라가다가 나면서부터 앉은뱅이였던 사람을 고친 이야기가 등장한다(행 3:1-6). 여기서 우리가 유대교의 뿌리로부터 단절되었기 때문에 잃어버린 연결고리 하나를 찾아볼 수 있는데, 먼저 1절에 언급된 "기도 시간"에 대해 알아보자.

다니엘 6장 10절을 통해 우리는 다니엘이 하루에 세 번 기도했다는 것을 알 수 있다. 주전 5세기에 120명의 공의회 구성원들이 '아미다'라는 기도문의 초안을 작성했는데, 이것은 '서서 하는 기도'를 뜻한다. 이 기도문을 낭독할 때, 모든 사람이 서 있었다. '아미다'는 일일 예식의 중심적인 기도로 아침, 오후, 저녁, 그리고 추가된 시간까지 하루에 네 번 낭송된다.

더구나 예수님 당시 이 기도는 미국이라는 나라의 역사보다 두 배는 오래되었음을 인식할 필요가 있다. 그것은 당시 유대 문화에 깊이 뿌리 내린 것이었으며, 여러 세대 동안 하루에 네 번씩 낭송되어 왔다. 이것이 바로 사도행전 3장에서 저녁 희생제사 시간에 사람들이 했던 기도이다! 서서 하는 기도는 이스라엘에 대한 하나님의 18가지 복으로 구성되어 있다. 그 가운데 하나가 치유를 위한 기도인데, 그 내용은 다음과 같다.

> 여호와여, 우리를 고쳐 주소서.
> 그리하시면 우리가 낫겠나이다.
> 우리를 구원하시면, 우리가 구원받겠나이다.
> 당신이 우리의 찬송이시기 때문입니다.
> 오, 우리의 모든 질병에 완전한 치유를 주소서.
> 전능하신 왕, 당신께서는 미쁘시고 긍휼히 여기시는 치료자이십니다.
> 당신을 찬송합니다.
> 주여, 그 백성 이스라엘의 병자들을 치료하시는 이시여.

모든 유대인들은 이 기도를 서서 드린다. 그리고 사도행전의 이 사람 역시 40년 가까이 하루에 네 번씩 고침 받기 위해 기도해 왔으며, 서서 이 기도를 드리기 원했다!(행 4:22) 베드로가 그를 일으켜 세운 것은 바로 이 기도를 하는 순간이었다! 즉시 그의 발과 발목에 힘이 생겼고, 뛰기도 했으며, 그가 일어섰다!

그는 성전에 들어가 걷고 뛰며 하나님을 찬양했다! 성전을 드나드는 모든 사람들이 그를 알았다. 그래서 그 신기한 광경에 놀란 사람들이 모두 솔로몬 행각으로 몰려들었다(행 3:7-10). 메시아께서 십자가에 못 박히고 장사되신 후 제자들은 다락에 모여 3일 동안 하루에 세 번씩 '아미다'로 기도했다. 400년의 전통을 이어오며 그들이 암송한 그 기도는 그들 신앙의 핵심이 되었다. 여기 '아미다'의 또 다른 기도문(축복)이 있다.

> 오 주여, 당신께는 영원한 힘이 있어 죽은 자를 살리시며
> 구원하는 능력이 있습니다.
> 당신은 인애로써 살아 있는 자들을 격려하시고,
> 크신 긍휼로 죽은 자들을 살리시며, 넘어지는 자들을 지탱하시고,
> 병자들을 고치시며, 매인 자들을 자유케 하시고,
> 재 가운데 누운 자들의 믿음을 지키십니다.
> 오, 강력한 일들을 행사하는 분이시여, 누가 당신과 같겠습니까?
> 죽이기도 하고 살리기도 하시며 구원을 풍성케 하시는 왕이시여,
> 누가 당신처럼 하겠습니까?
> 당신은 죽은 자들을 확실하게 살리십니다.
> 오, 주여, 죽은 자들을 살리시는 당신을 송축합니다!

예수님께서 장사되신 후 제자들이 매일 하루에 세 번씩 이 기도를 했다고 상상해 보자. 그들은 이 기도 안에 자신들의 모든 믿음을 담으려고 노력했을 것이다. 하나님께서 "구원을 풍성케 하신다"라는 구절은 매

우 놀랍다. '풍성하다'(flourish)에 해당하는 히브리어 단어는 '부활하다'로 도 번역될 수 있는데, 그것이 바로 이 기도의 핵심이었다. '구원'에 해당하는 히브리어 단어는 '예슈아'이다! 그러므로 그들은 사실상 다음과 같이 기도한 것이다. "죽이기도 하고 살리기도 하시며, '예슈아'를 부활시키시는 왕!" 이것이야말로 믿기 어려운 사실 아닌가?

그 주간의 첫날인 주일의 부활 사건으로 들어가 보자. 천지창조의 '첫째 날'은 저녁부터 아침까지였다(창 1:5). 따라서 그 주간의 첫째 날은 사실상 토요일 밤에 시작하여 주일 밤 해 질 때까지이다. 우리는 메시아께서 정확하게 몇 시에 일어나셨는지는 모르나 아침 일찍 무덤 문이 열려 있었다는 사실은 안다. 주님은 그 주간의 첫날, 해 진 후의 토요일 밤 어느 때인가 일어나셨을 것이다.

여전히 어둑어둑한 아침에 막달라 마리아는 돌이 굴려져 있는 것을 보고 달려가서 베드로와 요한에게 알렸다. 그들도 그 사실을 확인했지만, 여전히 "그가 죽은 자 가운데서 다시 살아나야 하리라"고 한 말씀을 깨닫지 못했고, 그래서 집으로 돌아갔다(요 20:1-10). 그때 예수님이 마리아 앞에 나타나셨는데, 그녀는 그분이 동산지기인 줄 알았다. 이에 주님이 스스로 자신을 드러내셨다. 또다시 그녀는 제자들에게 달려가서 이 사실을 전했다(요 20:14-18). 누가복음 24장 10절은 "이 여자들은 막달라 마리아와 요안나와 야고보의 모친 마리아라 또 그들과 함께 한 다른 여자들도 이것을 사도들에게 알리니라"고 기록한다.

그날 저녁에 모든 제자들이 함께 모여서 그 이야기가 사실인지 의심

했다. 누가복음 24장 11절은 여자들의 말이 "허탄한 듯이 들려" 그들이 믿지 않았다고 기록한다. 그날 더 이른 오후 시간에 엠마오로 가던 두 사람에게 예수님이 나타나셨고, 그들은 예루살렘으로 서둘러 돌아와서 여자들의 말을 확증해 주었다. 그러나 마가복음 16장 13절은 역시 아무도 믿지 않았다고 기록한다!

기적을 믿는 마음으로 말씀대로 기도했는데, 생각지 않게 기적이 일어나면 어떻겠는가? 제자들은 매우 열심히 기도했다. 그러나 예수님이 갑자기 나타나셨을 때, 그들은 그분이 진짜로 다시 살아나신 것이라고 생각하지 않았다!

가을 절기의 성취

여기서 한 가지 묻겠다. 주님은 어제나 오늘이나 영원토록 동일하신 분인가? 그것을 참으로 믿는가? 아니면 단지 상투적인 말이라고 생각하는가? 만약 그 말이 사실임을 굳게 믿는다면, 나와 똑같은 결론에 도달할 것이다. 만약 주님께서 참으로 동일하신 분이라면, 그분이 이 땅에 오셔서 봄 절기에 예언을 성취하신 것처럼 다시 오실 가을 절기에도 예언을 성취하실 것이다.

한 가지 강조하고 싶은 것은 절대로 내가 날짜를 정하려는 것이 아니라는 것이다. 나는 단지 이스라엘이 예행연습을 하고 있는 신성한 약속시간들에 대한 예언이 또다시 미래의 어느 해 바로 그 날짜들에 맞춰 성취될 것임을 말하고 싶을 뿐이다. 그러므로 우리는 예언에 따라 가을 절기에 무슨 일이 일어날지 알아야 한다. 왜냐하면 어느 해엔가 약속된 시간에 그 일들이 성취될 것이기 때문이다.

이것이 바로 요한계시록에서 보리 또는 밀을 언급하지 않는 이유다. 그리스도의 초림이 봄 절기에 이루어졌듯이 그분의 재림에 대한 예언은 가을 절기에 성취될 것이다. 그 대신 포도 수확에 대한 내용을 볼 수 있는데, 이것이 바로 가을 추수 때의 일이다(계 14:18-20).

많은 기독교인들이 메시아의 재림을 막연하게 여긴다. 그들은 마지막 때에 대한 무지를 자랑하며 막연한 채로 지낸다. 성경이 때와 시기에 대해 알라고 말할 때, 우리는 이제 그것이 성경의 달력을 말하는 것이지, 겨울이나 여름과 같은 계절을 말하는 것이 아님을 알아야 한다! 다음의 말씀을 통해 성경이 무엇을 말하는지에 대해 잠시 생각해 보자.

> 형제들아 때와 시기에 관하여는 너희에게 쓸 것이 없음은 주의 날이 밤에 도둑 같이 이를 줄을 너희 자신이 자세히 알기 때문이라 그들이 평안하다, 안전하다 할 그 때에 임신한 여자에게 해산의 고통이 이름과 같이 멸망이 갑자기 그들에게 이르리니 결코 피하지 못하리라 형제들아 너희는 어둠에 있지 아니하매 그 날이 도둑 같이 너희에게 임하지 못하리니 너희는 다 빛의 아들이요 낮의 아들이라 우리가 밤이나 어둠에 속하지 아니하나니 (살전 5:1-5)

이 말씀대로 주님은 밤에 도둑 같이 오신다. 그러나 그날이 누구에게 도둑 같이 이를지 그 정황을 살핀다면, 당신은 그것이 죽어 있는 교회, 잠든 교회, 또는 예수님의 비유대로 어리석은 다섯 처녀와 악한 종들(마 25:1-13, 24:45-51)임을 알 수 있다.

주님이 밤에 도둑 같이 임하시지 않도록 그분의 달력을 취하여 예행 연습에 동참하라!

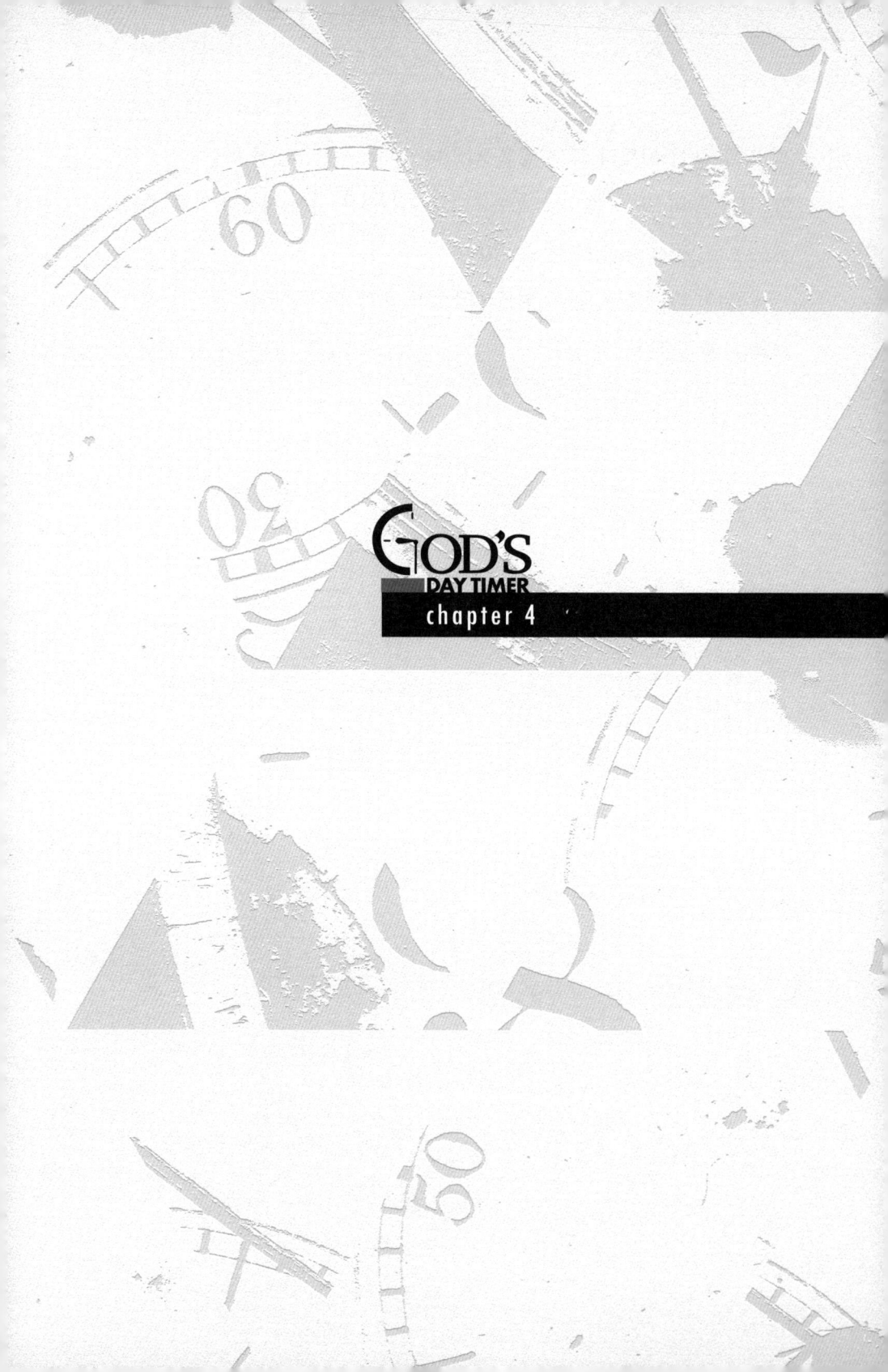

반대 의견에 대한 답변

어떤 종교인들은 내가 율법주의를 설파한다고 말하는데, 전혀 그렇지 않다. 나는 구원받기 위해 하나님의 달력을 따르라고 말하는 것이 아니다. 우리는 행위가 아니라 오직 믿음을 통한 은혜로 구원을 받는다(엡 2:8-9). 우리는 하나님의 일을 하기 위해 구원받은 것이다(엡 2:10). 따라서 우리는 하나님이 요구하시는 것을 해야 한다.

나는 당신이 하나님의 달력을 따라 사는 것이 얼마나 중요한지 깨닫기를 바란다. 그러한 마음으로 하나님의 달력을 따라 사는 것에 반대하는 몇 가지 일반적인 의견들에 대해 답변하고자 한다. 그래야 그것의 중요성에 대한 깨달음이 굳건한 반석 위에 놓이게 될 것이기 때문이다.

많은 사람들이 성경에 나타난 개념들을 잘못 해석하는 것은 그것을 정황 가운데서 보지 않기 때문이다. 종종 오해받는 단락들 중에 갈라디아서 4장 8-11절이 있다. 거기서 바울은 갈라디아 사람들이 이방인들이었으며, 하나님을 전혀 알지 못했고, 본질상 신이 아닌 것들을 섬겼다고 말한다. 바울은 계속 그들을 책망하면서 참 하나님을 알게 된 그들이 왜 세상으로 돌아가 또다시 "약하고 천박한 초등학문"에 종노릇 하느냐고 말한다. 그는 특별히 날과 달과 절기와 해를 지키던 그들의 이교적인 달력으로 돌아가려는 욕망을 언급한다.

어떤 독자들은 이 단락에서 바울이 성경의 달력에 대해 말하는 것이라고 믿는데, 그것은 어리석은 생각이다. 갈라디아 사람들이 한 번도 성경의 달력을 사용한 적이 없는데, 어떻게 그것으로 돌아갈 수 있겠는가? 또한 날이나 달과 같이, 바울이 결코 하나님의 달력을 말하는 것이 아님을 증거하는 용어들을 주의 깊게 보라. 그가 성경의 달력을 언급할 때는 언제나 골로새서 2장 16절처럼 절기나 초하루나 안식일 등의 용어를 사용했다. 그렇다면 갈라디아에서 무슨 일이 있었던 것일까?

이해를 돕기 위해 사도행전에 나오는 갈라디아 사람들의 처음 이야기로 가 보자. 사도행전 19장에는 에베소에서 발생한 소요 사건이 소개된다. 당시 에베소 사람들은 쥬피터에게서 떨어져 나왔다는 여신 아데미(다이애너)를 믿으며 그 우상을 섬겼다. 사도행전 14장에서는 갈라디아 사람들이 바울과 바나바를 인간의 모습으로 내려온 헤르메스(머큐리)와 제우스(쥬피터)라고 여기면서 그들에게 제사를 지내려고 했다(행 14:12). 바울은 그들에게 헛된 것들을 버리고 하늘과 땅과 바다와 그 안에 있는 모든 것들을 만드신 살아 계신 하나님께 돌아오라고 한다.

우리는 이것을 통해 갈라디아 사람들이 천체들을 숭배했다는 사실을 알게 된다. 그들이 지켰던 달력은 오늘날 점성술에 사용되는 것이나 돼지의 해와 같은 것들이 있는 중국의 달력과 같았을 것이다. 그러므로 갈라디아서 4장에서 바울이 정말로 묻고자 했던 것은 "여러분은 어찌하여 이방 달력으로 돌아가서 또다시 점성술을 따르고 천체들을 숭배합니까? 여러분이 이제 신성한 약속시간에 관한 하나님의 달력을 갖고 있는데, 어떻게 또다시 이방의 절기들을 지키려고 합니까?"임을 알 수 있다. 유대교 랍비가 하나님의 신성한 약속시간들을 "약하고 천한 초등학

문"이라고 말하는 법은 없다! 그들에게 이스라엘의 하나님께 돌아오라고 권면한 바울이 이스라엘의 하나님께서 선포하신 달력을 버리라고 권면할 리가 없다.

　이 사실은 종종 골로새서의 해석에 나타나는 오류들을 이해하는 데 큰 도움이 된다. 골로새인들은 자신들의 이웃인 갈라디아 사람들이 이방의 달력으로 되돌아가는 것을 원하지 않았다. 그들은 하나님의 달력이 중요하다는 사실을 알고 있었는데, 바울이 사용하는 용어들을 통해 이 사실을 알 수 있다. 바울은 그들에게 (갈라디아 사람들과 같은) 다른 사람들로부터 절기와 안식일과 초하루를 지키는 것 때문에 판단을 받지 말라고 말하면서, 그것들은 "장래 일의 그림자"(골 2:17)라고 말한다. 이 구절은 더 나아가 그들의 위상을 올려 준다. '그림자'는 어떤 사물의 실재에 대한 긍정적인 증거로서, 여기 이 구절은 과거에서 온 것들이 아니라 장차 올 것들에 대해 언급한다. 나는 앞으로 올 것에 대하여 생각하고 싶다. 절기들은 그림자 또는 유형들로, 전에 왔던 것일 뿐만 아니라 여전히 올 것이기도 하다!

　어떤 종교인들은 내가 율법주의를 설파한다고 말하는데, 전혀 그렇지 않다. 나는 구원받기 위해 하나님의 달력을 따르라고 말하는 것이 아니다. 우리는 행위가 아니라 오직 믿음을 통한 은혜로 구원을 받는다(엡 2:8-9). 우리는 하나님의 일을 하기 위해 구원받은 것이다(엡 2:10). 따라서 우리는 하나님이 요구하시는 것을 해야 한다. 여기서 우리는 악한 일에 대하여 이해할 필요가 있다.

　우리는 불법의 시대에 살고 있다. 현재 우리 가운데 적그리스도의 영, 곧 사탄의 하수인인 '악한 자'가 활동하고 있다(살후 2:7-10). 사탄은 우리가 하나님의 달력 가운데 살아가는 것을 원하지 않는다. 사탄은 우리가 그 신성한 약속시간을 놓치기 바란다. 그래서 사탄의 사자들은 광명한 천사들처럼 나타나 우리를 속인다(고후 11:14-15). 그리고 많은 사람들이 그들이 과장하는 은혜의 교리들에 속는다.

사탄의 사자들에 따르면, 우리가 담대하게 원하는 모든 죄를 지을 수 있는 것은 우리에게 하나님의 '은혜'가 없기 때문이다. 그들은 하나님의 말씀에 순종하라고 가르치는 사람들을 율법주의자라고 낙인찍는다. 나는 의롭게 살기를 주장하면서도 정작 하나님의 법에 완전히 위배되는 종교 지도자들에 대해 보고 들었다. 내가 하나님의 법을 따르자고 말할 때마다, 그들 가운데 있는 적그리스도의 영이 일어나 다음과 같이 말하기 시작한다. "나를 하나님의 법 아래 두지 마세요! 나는 그 법 아래 있지 않습니다!"

이 말 속에는 증오심이 담겨 있다. 그들은 항상 "예수님께서 그것을 완성하셨다!"고 논박한다. 그렇다면 예수님께서 그것을 완성하셨기 때문에 우리가 서로 사랑할 필요가 없다는 것인가? 아니면, 예수님께서 그것을 완성하셨기 때문에 이제 도둑질이나 살인이나 간음을 해도 된다는 말인가? 그들은 아마도 자기들이 그렇게 말하지 않았다고 불평하겠지만, 실제로는 그렇게 말하는 것과 같다. 우리가 하나님이 원하시는 것을 안다면, 그것을 해야 한다. 내가 하나님의 법을 따르고 그분께 복종해야 한다고 말한다 해서 율법을 통해 구원받는다고 말하거나 율법주의를 변호하는 것은 아니다.

여기서 진정한 율법주의자의 예를 소개하겠다. 레위기 19장 9절은 농부들에게 밭모퉁이까지 다 베지 말고 가난한 자들과 객들을 위하여 남겨 두라고 말한다. 이에 율법주의자는 자신은 농부가 아니기 때문에 가난한 자들이나 객들에게 줄 것이 아무것도 없다고 말한다. 레위기 19장 13절에서는 하나님께서 고용주들에게 일꾼들의 삯을 제 시간에 지급하라고 말씀하신다. 이 구절에 대해 당신의 고용주가 자신은 율법 아래 있지 않으므로 "제 날짜에 삯을 지급할 필요가 없네! (그러한 의무는) 예수님께서 대신 완성하셨네"라고 한다면, 좋겠는가? 이 말 속에 담긴 불합리함을 알겠는가? 나는 결코 율법을 지킴으로 구원받는다고 믿지 않는다. 그러나 참으로 많은 사람들이 그것을 율법주의라고 매도한다.

내가 모든 사람들을 유대인으로 만들려는 것 같은가? 아니다! 나는 단순히 사람들에게 하나님이 말씀하신 대로 행하라고 권면할 뿐이다.

오늘날 교회 안에서 매우 강력한 반유대주의 영이 활동하고 있는데 그 모습이 참으로 사악하다. 종교지도자들이나 다른 누가 유대인 냄새만 풍겨도 소리 높여 반대하는 것을 보면, 당신의 영이 그 사실을 증거할 것이다. 그들이 예수님이 유대인이라는 사실을 알고 있는지 모르겠다. 그분이 유대인의 왕으로 알려진 데는 이유가 있다.

40년 전에 구원을 받고 성서신학교에 갔을 때, 나는 그곳에서 여호와의 절기들에 대해 공부했다. 그 안에서 분명히 그리스도의 표상을 보았다. 그런데 비극적이게도 그 절기들을 지키려 하지 않았다! 그것들이 유대교의 절기이기 때문에 절기들을 지키는 것이 율법적이라고 생각했기 때문이다. 그런데 20년 전에 절기들을 실질적으로 지키기 시작하면서 불합리한 고정관념을 끝내게 되었다.

    대학에서 건축학을 공부한다고 해서 건물 짓는 법을 아는 것은 아니다. 그것은 실제로 건물을 지어 봐야 알게 되는 것이다. 하나님의 말씀도 마찬가지이다. 너무나 많은 사람들이 하나님의 말씀을 배우라고 독려하지만, 결코 실행하지는 않는다! 다음 장에서는 하나님의 달력에 맞춰 그분의 말씀을 적용하는 실제적인 방법들을 알아볼 것이다.

실제적인 적용

"너희가 이를 행하여 나를 기념하라 하시고"(눅 22:19). 엘샤다이선교회에서는 "이를 행하라"는 말씀을 기독교인들에게 하신 것이라고 믿는다. 우리가 지키는 유월절은 2천 년 전에 예수님께서 무엇을 하셨는지 기억하는 것이다. 우리는 결코 양을 잡아서 희생제사를 드리지 않는다! 대신 매년 유월절 '세데르'를 함으로써 예수님이 행하신 일을 기념한다.

 그렇다면 유월절을 어떻게 지켜야 할까? 먼저 예수님의 말씀을 살펴보자. "너희가 이를 행하여 나를 기념하라 하시고"(눅 22:19). 엘샤다이선교회에서는 "이를 행하라"는 말씀을 기독교인들에게 하신 것이라고 믿는다. 우리가 지키는 유월절은 2천 년 전에 예수님께서 무엇을 하셨는지 기억하는 것이다. 우리는 결코 양을 잡아서 희생제사를 드리지 않는다! 대신 매년 유월절 '세데르'1)를 함으로써 예수님이 행하신 일을 기념한다. 아마도 십자가 위에서 메시아께서 이루신 일에 의미를 부여하는 행사로는 우리가 세계에서 가장 큰 유월절을 주관할 것이다.

 그동안 우리가 개최한 행사에 1,500명 이상의 인원이 참석했다. 그들은 모두 비유대인들로 예수님이 얼마나 세부적으로 유월절을 완수하셨는지를 깨닫고는 놀랐다. 여기에 수천 명이 실시간으로 영상을 시청하

---

1) '세데르'는 유월절 만찬을 의미하는 히브리어이다(역자 주).

고, 2만 명 이상이 무료로 제공되는 웹사이트의 자료실에 접속한다. 우리의 모든 절기 행사들은 자료실에 수록되어 어떤 교회나 가족이든지 시청하며 절기를 지키는 방법을 확인할 수 있다. 그리고 책의 뒷부분에도 부록으로 수록해 놓았으며, 이 장에서도 '세데르' 예식의 뼈대를 소개하여 엘샤다이선교회가 어떻게 메시아 신앙에 기초하여 살을 붙이는지 보여 줄 것이다.

유월절 '세데르'는 출애굽기에 기초를 두고 있는데, 여기서 구원의 과정 네 가지를 보게 된다. 하나님께서는 애굽 사람들 밑에서 노예살이를 하고 있는 이스라엘 자손들의 신음 소리를 들었다고 하시며 그들과의 언약을 기억한다고 말씀하셨다. 여기 하나님께서 취하실 모든 행동의 '의지'(I will)를 주목하라(출 6:6-7).

> 내가 애굽 사람의 무거운 짐 밑에서 너희를 빼내며
> (내가) 그들의 노역에서 너희를 건지며
> (내가) 편 팔과 여러 큰 심판들로써 너희를 속량하여
> (내가) 너희를 내 백성으로 삼고 나는 너희의 하나님이 되리니

이것을 구원의 네 가지 잔이라고 한다. 첫 번째 잔은 애굽 사람의 무거운 짐 밑에서 꺼내 주신다는 하나님의 약속으로, 성별의 잔이라고 한다. 하나님은 이스라엘을 구원하시기 위해 그들을 빼내어 다른 민족들과 구별하셨다. 그들의 무거운 짐을 제하여 주신 하나님께서 또한 우리의 짐도 없애 주기 원하신다는 것을 깨달으라!

두 번째 잔은 해방의 잔이다. 하나님께서 무거운 짐을 없애 주신 것은 놀라운 일이지만, 이스라엘은 여전히 애굽 사람들에게 속박되어 있었다! 그래서 온전한 구원을 위한 다른 국면이 있다. 하나님은 우리의 짐을 제거하는 첫 잔과 함께 우리를 성별하신다. 이어서 그분은 두 번째 잔과 함께 우리를 묶고 있는 사슬을 끊으심으로써 우리를 해방시켜 주신다. 구원받은 이들 중에도 얼마나 많은 사람들이 여전히 끊기 어려운 습관들을 갖고 있는가? 보통 '세데르'를 진행하는 동안 네 개의 잔을 마시는데, 이는 우리를 위해 진행되는 구원의 각 단계를 완성시켜 달라고 하나님께 요청하는 것이다.

세 번째 잔은 "(내가) 편 팔과 여러 큰 심판들로써 너희를 속량하여"라는 말씀대로 속량의 잔이다. 이것은 저녁식사 후에 마시는 잔으로, 유대인들은 처음 두 잔을 식사 전에 마시고 나머지 두 잔을 식사 후에 마신다. 예수님 시대에도 이 관습이 누가복음에 등장하는데, 최후의 만찬에서 예수님이 잔을 들어 축사하시며, "이것을 갖다가 너희끼리 나누라"고 말씀하셨다(눅 22:17). 그리고 주님은 자신의 몸을 나타내는 빵을 취하신 다음, 제자들에게 그분을 기념하면서 빵을 떼라고 말씀하셨다. 마지막으로 주님은 "저녁 먹은 후에 잔도" 그와 같이 하시며 그 잔이 제자들을 위해 흘리는 그분의 피로 세운 새 언약이라고 말씀하셨다(눅 22:20).

이렇듯 세 번째 잔, 곧 구원의 잔은 식후에 마신다. 유다는 그 세 번째 잔을 들기 전에 나갔다. 상징적으로 이 잔은 우리의 구원을 위해 치르는 대가이다. 첫 번째 잔이 우리의 짐을 덜어 주고 두 번째 잔이 우리를 속박에서 해방시켰더라도, 우리에게 여전히 문제가 있기 때문에 이 세 번째 잔이 필요하다. 우리는 여전히 애굽에 있다! 전당포에 맡긴 물건을 다시 찾을 때처럼, 속량의 대가는 치러져야 한다. 우리는 값을 치르고 산 존재이다. 주님은 우리를 자유케 하는 속량을 위해 매우 큰 대가를 치르셨다!

이 잔에 내가 흥분하는 것은 하나님께서 그분의 편 팔로 우리를 구원하셨다는 말씀 때문이다. 손이 아니라 팔이다. 만약 당신이 단지 손으로만 야구공을 던진다면, 당신이 팔 전체의 힘을 사용하는 것만큼 공이 멀리 가지는 않을 것이다. 우리를 구원하기 위해 하나님의 권능이 확장되었다.

이 사실을 염두에 두고 예레미야서로 가서 하나님이 어떻게 그 권능뿐만 아니라 "편 팔로"[2] 땅과 인간과 짐승들을 만드셨는지 읽어 보라(렘 27:4-5). 이것은 하나님의 권능이 우리를 구원하시기 위해 천지를 창조하실 때처럼 확장되었다는 사실을 말해 준다!

하지만 하나님께서 땅을 만드실 때 비용을 치르셨는가? 그렇지 않다. 그분은 단지 있으라는 말씀만 하셨다. 사실상 그 모든 것이 오늘날 없어진다 해도, 하나님은 간단히 말씀 한마디로 그것들을 다시 창조하실 수 있다. 만약 우리가 땅과 그 안의 자원들, 이를테면 금, 은, 나무들 그리고 물 등에 기반을 둔 이 세상의 경제적 가치를 산정하고 거기에 온 세상의 부동산 가격을 더한다면, 천문학적인 액수가 될 것이다!

그런데 우리를 속량하기 위해 하나님께서 치르신 비용을 보라. 그분

---

2) 우리말 성경에는 "처든 팔로" 번역되었다(역자 주).

의 모든 것을 지불하셨다. 자세하게 말해서, 그분은 아들의 생명으로 값을 치르셨다! 이것은 우리가 하나님께 온 세상의 모든 자원들을 다 합친 것보다 훨씬 더 가치 있는 존재임을 보여 준다! 우리가 물질을 사랑하고 사람을 이용하는 것이 아니라 사람을 사랑하고 물질을 이용해야 하는 이유가 바로 여기에 있다!

히브리어로 속량은 '고엘'인데, 철자에 하나님의 이름 가운데 하나가 들어 있다. 앞에 있는 철자 '김멜'(ג)과 함께 '엘'(אל)[3]이 있다. '김멜'은 '들어 올리다'라는 뜻이다. 이것은 하나님이 들어 올려지셨을 때 구속 사건이 일어남을 말해 준다!

이것은 우리를 네 번째 잔인 영접의 잔으로 인도한다. 그분이 단지 우리의 짐을 덜어 주신 것으로도 충분했을 것이다. 또한 우리를 속박에서 해방시키시고, 이어서 우리를 속량하시기 위해 값을 치르신 것만으로도 충분했을 것이다. 그런데 그분은 심지어 우리와 결혼하기 원하신다. 그분께서 "너희를 내 백성으로 삼고"(출 6:7)라는 말씀을 하셨을 때 의미하신 것이 바로 이것이다.

하나님께서 이스라엘의 짐을 덜어 주시고, 그들을 속박에서 해방시켜 주시며, 그들을 구원하는 데 필요한 값을 치르시고, 그들을 애굽에서 이끌어 내셨다. 하나님은 이후 그들을 광야에 던져 놓으시고 "여기서 너희들끼리 가거라!" 하고 말씀하실 수도 있었다. 당신이 누군가에게 호감을 갖고 보석금을 내어 그를 감옥에서 꺼내 주었다고 해서 반드시 그

---

3) '엘'은 '하나님'이라는 뜻이다(역자 주).

와 결혼하고 싶은 것이 아닌 것과 같다! 그러나 하나님은 이스라엘과 관계를 맺기 원하셨다.

사실 다섯 번째 잔도 있는데, 이것은 엘리야의 잔으로 알려져 있다. 이 잔은 엘리야를 위해 마련된 빈자리에 놓인다. 어느 해의 유월절에 엘리야가 나타나서 메시아의 왕국이 이르렀음을 선포할 것이라고 믿기 때문이다. 이것은 "보라 여호와의 크고 두려운 날이 이르기 전에 내가 선지자 엘리야를 너희에게 보내리니"라는 말씀에 근거한 것인데, 그것은 "아버지의 마음을 자녀에게로 돌이키게 하고 자녀들의 마음을 그들의 아버지에게로 돌이키게" 하기 위함이었다 (말 4:5-6). 다음은 우리가 앞에서 다룬 출애굽기 6장의 본문으로, 네 번째 잔 이후의 내용이 더해진다.

> 내가 아브라함과 이삭과 야곱에게 주기로 맹세한 땅으로 너희를 인도하고 그 땅을 너희에게 주어 기업을 삼게 하리라 (출 6:8)

아브라함, 이삭, 야곱은 초대교회의 교부들로, 말라기에서 말하는 바로 그 아버지들이다.4) 또한 네 명의 아들 이야기가 모든 유월절 '세데르'에 포함되어 있는데, 이것은 성경에서 나온 것으로 '세데르'에 관한 아이들의 네 가지 태도를 보여 준다. 시작은 '세데르'의 의미에 관해 질문해야 한다는 사실조차 모르는 무지한 아이이다. 성경은 이러한 자녀에게 "이 예식은 내가 애굽에서 나올 때에 여호와께서 나를 위하여 행하신 일로

---

4) 말라기 4장 6절의 "아버지"는 히브리어로 복수형이다(역자 주).

말미암음이라"(출 13:8)고 말해 주라고 한다. 이 본문에 근거해서 우리 자신이 애굽에서 나온 사람들임을 배워야 한다.

그 다음은 단순한 아이로, 유월절 '세데르'에 관한 것들을 다 시행하고 대화를 주도하지만, 실제로는 전혀 이해하지 못하고 있다. 출애굽기 13장 14절은 이러한 아이에게 부모들이 어떻게 대답해야 할지를 말해 준다.

그 다음은 현명한 아이로, 그에게는 질문이 많다. "우리 하나님 여호와께서 명령하신 증거와 규례와 법도가 무슨 뜻이냐 하거든"(신 6:20). 부모들은 그것들이 항상 복을 누리게 해 주고 오늘과 같이 살게 해 주며 이것을 행하는 것이 곧 의로움이라고 답해야 한다(신 6:24-25).

마지막으로 사악한 아이가 있다. 그 아이는 "이 예식이 무슨 뜻이냐"(출 12:26)고 묻는다. 여기서 '예식'(service)으로 번역된 히브리어 단어는 강제나 노예 노동을 의미한다. 이 아이에게는 '세데르'가 무거운 짐에 불과한 것이다. 오늘날 사람들이 "나를 법 아래 두지 마시오!"라고 외치는 것과 마찬가지이다. 나는 이러한 아이에게 다음과 같이 대답할 것이다. "이것은 여호와의 유월절 희생제사란다. 그분께서 애굽에 있는 사람들의 집을 지나시며 애굽 사람들을 치시고, 우리들은 남겨 두셨지."

'세데르'에서 당신이 실행하고 싶어 할 또 다른 자세는 비스듬히 누워서 네 개의 잔을 비우고 마짜(무교병)를 먹는 것이다. 고대에는 오직 자유인만 비스듬히 누워서 먹는 호사를 누렸고, 노예들은 서 있어야 했다. 그러나 '세데르'에서는 모든 사람이 왼쪽으로 눕는 것이 전통이다. 이것이 중요한 이유는 '세데르'의 인도자 또는 아버지의 양쪽에 특정한 사람에게 지정된 자리가 있기 때문이다. 가장 어린 아이가 오른쪽에, 최고연장자는 왼쪽에 앉는다. 예수님의 최후 '세데르'에서 사도 요한은 가장 젊은 참석자였다. 그래서 그가 예수님의 오른쪽에서 그분께 기대어 있었던 것이다. 그렇다면 누가 가장 연장자였을까? 바로 배신자 유다였다! 유다가 예수님의 왼쪽에 앉아 있었기 때문에 예수님께서 마짜를 적셔서 바로 건네주셨던 것이다. 그렇다면 예수님은 유다에게 기대셨을 것이다!

지금까지 우리가 유월절을 공부하고 엘샤다이선교회에서 어떻게 유월절을 지키는지에 대해 이야기했기 때문에 어느 정도 스스로 유월절을 지킬 준비가 되었을 것이다. 나는 이 책 뒷부분에 기독교인들을 위한 '세데르'의 각 단계들을 간략하게 수록하여 개인과 가족 또는 교회 공동체가 함께 유월절을 지킬 수 있게 하였다. 그것은 주님을 향한 사랑을 증진시키고, 우리에 대한 그분의 사랑과 희생을 더 많이 깨우쳐 줄 것이다.

이제 첫 번째 가을 절기인 '로쉬 하샤나'(신년)에 대해 알아보자.

로쉬 하샤나
(신년)

로쉬 하샤나는 그해의 벽두(劈頭)로 알려져 있는데, 성경의 달력만큼이나 오래된 일반력의 첫날이기 때문이다. 대부분의 사람들이 일반적으로 사용하는 달력의 1월 1일과 같이 '로쉬 하샤나'는 유대인들의 새해로, 아담이 생애 처음으로 눈을 뜨고 왕이신 하나님을 본 날이다.

그해의 머리

성경의 봄 절기들이 실제로 봄에, 그것도 하나님의 신성한 시간으로 정해진 바로 그 날짜에 성취되었음을 깨닫는 순간, 우리는 다음과 같은 질문을 던지게 된다. 가을 절기에는 무슨 일이 일어나서 예언을 성취할까? 성경의 유형을 통해 우리는 각 절기들이 가을에, 그 절기의 날짜에 성취될 것임을 안다. 매년 이스라엘이 가을 절기들을 지킬 때마다 그들은 장차 어느 해의 바로 그날 일어날 일들을 예행연습 하는 것이다.

다시 한 번 강조하지만, 나는 정확한 날짜를 정하려는 것이 아니다. 몇 년도에 그 사건들이 펼쳐질지 전혀 모르기 때문이다. 그러나 우리가 연습해야 할 것들을 미리 공부함으로 이 신성한 약속시간 가운데 무슨 일이 일어날지 예측할 수 있다.

그 전에 중요한 일은 두 가지 핵심을 아는 것이다. 첫째, 가을 절기들이 순차적으로 성취된다는 사실이다. 예를 들어, '루악 하코데쉬' 즉 성령님은 메시아께서 승천하신 다음에 임하실 수 있었다. 예수님은 죽은 자 가운데서 일어나신 후 승천하실 수 있었고, 장사된 다음에 죽은 자 가운데서 일어나실 수 있었으며, 돌아가신 후에 장사되실 수 있었다! 가을 절기들의 성취도 이와 동일할 것이다. 가장 먼저 '로쉬 하샤나'(신년)가 예언된 대로 성취되어야 할 것이며, 그 다음에 '욤 키푸르'(속죄일), 그 뒤를 따라 장막절이 이어질 것이다.

두 번째 핵심은 각 절기에 성취될 일들이 복합적이라는 사실이다. 예를 들어, '로쉬 하샤나'는 나팔절로 알려져 있는데, 그 기간에 예언들이 여러 차례에 걸쳐 성취될 것이다. 요한계시록에 나오는 일곱 나팔 소리는 7년 환난 내내 울려 퍼질 것이다. 우리는 종종 그리스적 사고방식의 영향으로 성취를 마치 검사 목록에서 해당 사항을 골라내는 것처럼 생각하여 한 가지가 성취되면 그 다음으로 넘어가려 한다. 그러나 성경에서 성취란 어떤 일이 전에 발생했기 때문에 또다시 발생할 것을 확신하는 것이다.

먼저 첫 번째 가을 절기인 '로쉬 하샤나'에 담겨 있는 진실을 펼쳐 보자. 우선 이 절기는 여러 개의 명칭을 갖고 있는데, 각각 다른 측면들을 보여 준다. 마치 한 남성이 아버지인 동시에 다른 이들에게 형, 삼촌, 조카, 그리고 할아버지까지 될 수 있는 것처럼, '그해의 머리'를 뜻하는 '로쉬 하샤나'도 여러 가지 의미를 갖는다. 첫째, 이것은 그해의 벽두(劈頭)로 알려져 있는데, 성경의 달력만큼이나 오래된 일반력의 첫날이기 때문이다. 대부분의 사람들이 일반적으로 사용하는 달력의 1월 1일과 같이 '로쉬 하샤나'는 유대인들의 새해로, 아담이 생애 처음으로 눈을 뜨고 왕이신 하나님을 본 날이다.

나팔 부는 날

성경에서 로쉬 하샤나는 '나팔 부는 날'을 뜻하는 '욤 테루아'로 알려져 있다. 이 명칭은 민수기 29장 1절에서 비롯되었는데, 하나님은 종교력으로 일곱 번째 달이며 일반력으로는 첫 번째 달인 티슈리 월 첫날에 그 절기를 지키라고 말씀하셨다. 욤 테루아는 '쇼파르[1]를 부는 날'이다.

'테루아'는 '(나팔을) 불다' 외에도 전투에서 함성 등을 '외치다'의 의미도 있다. 시편 47편 5절에서는 하나님이 함성과 나팔 또는 쇼파르 소리와 함께 올라가신다고 한다. 이것은 하나님께서 미리 지정하신 날을 언급하는 것으로, 그분께서 온 땅을 심판하러 오셔서 전장의 함성을 발하시고 군대를 소집하는 쇼파르를 울리실 것이다! 이것은 사도 바울이 "주께서 호령과 천사장의 소리와 하나님의 나팔 소리로 친히 하늘로부터 강림하시리니 그리스도 안에서 죽은 자들이 먼저 일어나고"(살전 4:16)라고 언급한 날이다.

당신은 죽은 자들이 부활하는 날이 바로 이날이라는 사실을 아는가? 그렇다면 소위 그 환희의 순간은 아무 때나 일어날 사건이 아니다. 왜냐하면 죽은 자의 부활은 시간이 정해진 사건이기 때문이다! 그것이 몇 년도

---

[1] 우리말로 양각 나팔(역자 주)

에 일어날지 알 수는 없지만, 욤 테루아는 그것을 위해 예행연습을 하는 날이다! 아담이 바로 이날 흙에서 나오고 하나님께서 온 우주의 왕으로 등극하셨던 것과 마찬가지로, 같은 날 사람이 땅의 티끌 가운데서 또다시 일어날 것이며 그분은 만물의 주로 등극하실 것이다. 이 사실은 수천 년 동안 전해져 왔다. 우리는 그 사실을 탈무드 '로쉬 하샤나' 항목의 16장 제2면에 대한 유대교 문서들이나 주석에서 볼 수 있다.

다니엘 12장 1절에서는 바로 그때 이스라엘을 호위하는 미가엘이 일어날 것이며 "또 환난이 있으리니 이는 개국 이래로 그 때까지 없던 환난일 것"이라고 말한다. 로쉬 하샤나에 대한 또 다른 이름은 '환난의 때'이다! 해당 구절은 다음과 같이 계속된다. "그 때에 네 백성 중 책에 기록된 모든 자가 구원을 받을 것이라"(단 12:1). 놀랍게도, 로쉬 하샤나에 대한 또 다른 이름은 '책을 펼치는 날'이다!

다니엘은 땅의 티끌 가운데에서 자는 자 중에서 많은 사람이 깨어나 영생을 받지만, 영원히 부끄러움을 당할 자도 있다고 말한다. 로쉬 하샤나는 또한 '죽은 자를 깨우는 나팔 소리의 날'이다! 시편 89편 15절에서 즐겁게 소리칠 줄 아는 백성은 복이 있어 그들이 주의 얼굴 빛 안에서 다닐 것이라고 한 이유가 바로 이것이다!

고린도전서 15장 51절에서 사도 바울은 우리가 "순식간에 홀연히" 다 변화될 것이라고 하였다. 그런데 이것은 또한 구원의 날을 언급할 때 사용하는 표현이기도 하다. 사도 바울은 계속해서 이 일이 "마지막 나팔에" 일어날 것이라고 말하는데, 쇼파르 소리에 죽은 자들이 일어날 것이기 때문이다. 사도 바울은 마지막 나팔에 있게 될 부활에 관하여 쓰면서 나팔절의 마지막 쇼파르 소리를 말한 것이다. 나팔절에 쇼파르가 백 번 울리는데, 백 번째 울리는 소리를 마지막 나팔이라고 한다.

나팔절에 쇼파르가 내는 소리는 세 가지이다.[2] 첫 번째로 '테키아'가 있는데, 그것은 단순히 길게 울리는 소리이다. 다음으로 짧게 세 번 부는 '쉐바림'이 있다. 그리고 '테루아'가 있는데, 짧은 소리를 아홉 번 연속적으로 빠르게 분다. '테루아'라는 단어에는 '기억시키다'라는 뜻도 있어서 적들이 쳐들어 올 때 쇼파르를 불어서 알리면, 하나님께서 기억하시고 구원하신다(민 10:9). 마지막으로 최후의 나팔 소리는 특별한 소리로, '테키아 그돌라'라고 하는데, 이것을 번역하면 '크고 우렁찬 나팔 소리'이다!

욤 테루아는 또한 '기억의 날'이다. 따라서 나팔절에 하나님께서 왕으로 등극하신 것을 기억하고 쇼파르를 불면, 하나님께서 우리를 기억하시고 적으로부터 구원하실 것이다! 욤 테루아는 죽은 자들이 깨어날 때가 되었음을 알려 주는 알람소리이다! 이것은 또한 신랑과 신부에 관한 아름다운 시집인 아가서의 주제이다. 신부는 계속 자고 있는데, 그런 그녀를 깨우는 것이 신랑의 목소리이다. 성경에서는 종종 죽음을 잠이라고 표현한다.

아가서 2장에서 신부는 단순히 밤잠을 자는 것이 아니다. 그녀는 동면 상태이다! 10-11절에서 그녀는 "겨울도 지나고 비도 그쳤고"하며 자신을 깨우는 신랑의 목소리를 듣는다. 5장에서 그녀는 또다시 잠이 든

---

[2] 만약 그 소리를 듣고 싶으면, James Barbarossa가 2012년 2월 7일에 올린 유튜브 영상(2:03)을 검색하라 (http://www.youtube.com/hatch?v=grZDPCKORGg). 또한 우리 웹사이트의 자료실을 방문해서 볼 수도 있다(http://elshaddaiministries.us/).

다. 그러나 사랑하는 남자의 목소리에 그녀의 마음이 깨어 있다고 말한다(아 5:2-6).[3] 2절의 잠에 해당하는 히브리어는 "땅의 티끌 가운데에서 자는 자들"에서 사용된 것과 같은 단어이다. 그녀는 노크하면서 말하는 그 남자의 목소리를 듣는다. '노크하다'의 히브리어는 문을 가볍게 두드리는 것이 아니라 쿵쿵 소리가 날 정도로 세게 치는 것이다. 그것은 마치 그 남자가 심폐소생술을 하듯이 그녀의 가슴을 쳐서 심장이 다시 뛰기 시작하는 것과 같다.

신랑은 계속해서 그의 머리털이 밤이슬에 젖었다고 말하는데, 성경에서 이슬은 죽은 자의 부활과 관계가 있다. "주의 죽은 자들은 살아나고 그들의 시체들은 일어나리이다 티끌에 누운 자들아 너희는 깨어 노래하라 주의 이슬은 빛난 이슬이니 땅이 죽은 자들을 내놓으리로다"(사 26:19). 이 때문에 나팔절을 '(죽은 자를) 깨우는 나팔 소리의 날'이라고 하는 것이다!

이러한 개념들을 이해한다면, 바울이 에베소 교인들에게 죽은 자의 깨어남과 일어남에 대해 경고한 것이 나팔절에 대해서 말한 것임을 깨닫게 된다(엡 5:14). 그날이 되면 우레와 같은 하나님의 음성이 죽은 자들을 깨울 것이다. '그분의 음성'이 쇼파르처럼 울려 퍼질 것이다! 이것이 바로 '여호와의 음성'이 나팔절과 연결되는 이유이다. 이러한 모습은 하나님이 시내산에 강림하실 때(출 19장), 그리고 사도 요한이 나팔 소리와 같은 하나님의 음성을 듣는 장면에서 볼 수 있다(계 1:10).

---

3) 여기서 그녀가 잠든 상태를 나타내는 히브리어는 다니엘서 12장 2절의 "땅의 티끌 가운데서 자는 자"에 사용된 히브리어와 똑같다.

시편 29편이 나팔절마다 읽히는 이유가 있다. 여기에 여호와의 소리가 반복해서 언급되는데, 3절은 물 위에 울리는 여호와의 소리를, 4절은 힘과 위엄이 있는 여호와의 소리를 말하고 있다. 5절은 그분의 소리가 "백향목을 꺾어 부수시도다"라고 표현한다. 7-8절에서는 여호와의 소리가 화염을 가르고 광야를 진동시킨다. 9절에서는 그분의 소리가 암사슴을 낙태하게 하고 삼림을 벗긴다. 10-11절은 결론으로, 하나님이 영원히 왕의 보좌에 앉으셔서 그분의 백성에게 평강의 복을 주신다.

로쉬 하샤나는 메시아께서 등극하시는 날이다! 그 즉위식에 참석하고 싶지 않은가? 나는 그 자리에 함께하고 싶다! 나는 어째서 종교인들이 메시아의 즉위식을 예행연습 하는 것을 율법주의라고 부르는지 이해할 수 없다!

한번은 전 세계에 '쇼파르'의 울림이 물결처럼 퍼져 나가서 각 나라 사람들이 자기 시간대의 나팔절에 맞추어 하나님께서 왕이심을 선포하게 된다면 얼마나 멋진 일일까 생각해 보았다. 그리고 전 세계에서 예루살렘의 기념 시간에 맞춰 자신의 '쇼파르'를 부는 것이다. 우리는 이 아이디어를 매년 성공적으로 실행하고 있다! 우리 웹사이트에 접속하여 로그인을 하면 해당하는 모든 시간대를 확인할 수 있다. 이것이 얼마나 하나님의 마음을 기쁘시게 할지 상상할 수 있는가? '기억의 날'이라는 말 그대로 그분이 정하신 날에 사람들이 각자의 언어로 그분을 기억하는 것이다!

이러한 절기들이 예언에서 말한 사건들이 일어날 날들을 예행연습 하는 날이라는 사실을 깨달았을 때, 나의 세계관은 완전히 무너졌다. 메시아께서 오실 때 얼마나 큰 사건이 일어날 것인지만 생각하는가? 하나님께서 이 사건을 미리 계획하셨다는 것을 믿는가? 나는 이 사건이 너무나 커서 매년 하늘에서 예행연습을 수행한다고 믿는다!

매년 로쉬 하샤나에 천상의 군대들이 메시아의 오심을 미리 연습한다고 상상해 보라. 그리고 같은 시간에 지상에서도 그것을 기억하는 모든 사람들이 예행연습을 한다! 그것은 조화를 이룬 공명과 같다. 우리는 똑같은 시간에 천상에서 진행되는 행사에 동참하게 된다. 어느 해엔가 그날의 예행연습이 실제가 되어 우리는 자연스럽게 잔치에 참석하게 될 것이다! 이미 약속된 시간을 알고 있던 이들에게는 모든 것이 매우 자연스러울 것이다! 예행연습에 참석하기 원하는가? 그렇다면 친구들이나 이웃들과 함께 절기행사에 참석하거나 우리 사이트에 접속하여 실시간 영상으로 동참하라.

종종 우리가 돈 때문에 이렇게 한다고 말하는 사람들이 있는데, 우리는 무료로 가르치고 있으며, 실시간 영상과 오디오도 무료이고, 자료들을 내려받는 것도 무료이다. 관심 있는 사람은 누구든지 www.elshaddaiministries.us의 자료실에 접속하라. 그러면 이 중요한 행사들을 실제적으로 지킬 수 있는 방법을 보여 주는 이전의 절기 행사들을 볼 수 있다.

'로쉬 하샤나'에 하나님께서 왕으로 등극하신다는 주제는 아침 기도에서 자주 반복된다. 독송자가 아침 기도를 시작할 때, 하나님께서 우주의 왕으로 등극하신다고 노래한다. 장로들이 헤브론에 있는 다윗에게 기름을 부어 그를 이스라엘의 왕으로 세웠다(삼하 5:3). 그리고 후에 솔로몬이 기름 부음을 받은 다음에도 '쇼파르'가 울렸다(왕상 1:34-39). 창세기 49장 10절에서 "실로가 오시기까지 규가 유다를 떠나지 아니하며"라고 하는데, 그것은 메시아를 언급하는 것이다. 그리고 이어서 "그에게 모든 백성이 복종하리로다"라고 말한다.

시편 47편은 즉위 시편으로 알려져 있으며, 매년 거행하는 로쉬 하샤나 예식의 한 부분이다. 다음의 시편 47편의 구절을 읽을 때, 당신이 현장에서 그 함성을 듣는다고 상상해 보라!

너희 만민들아 손바닥을 치고 즐거운 소리로 하나님께 외칠지어다
('테루아'는 '함성을 지르다' 라는 의미이다)
지존하신 여호와는 두려우시고 온 땅에 큰 왕이 되심이로다
여호와께서 만민을 우리에게, 나라들을 우리 발 아래에 복종하게 하시며
하나님께서 즐거운 함성 중에 올라가심이여
여호와께서 나팔(쇼파르) 소리 중에 올라가시도다
찬송하라 하나님을 찬송하라
찬송하라 우리 왕을 찬송하라
하나님은 온 땅의 왕이심이라 지혜의 시로 찬송할지어다
하나님이 뭇 백성을 다스리시며 하나님이 그의 거룩한 보좌에 앉으셨도다
뭇 나라의 고관들이 모임이여 아브라함의 하나님의 백성이 되도다
(하나님께 그들의 충성을 서약하다)

로마서 8장 22절에서 모든 피조물이 다 함께 탄식하며 구원을 기다리고 있는 것에 대해 뭐라고 말하는지 기억하는가? 시편 98편에서는 쇼

파르를 울려서 여호와가 왕이심을 선포할 것이며, 그분이 이 땅을 심판하리 오실 때 큰물이 손뼉을 치며 산악이 즐겁게 노래할 것이라고 한다(시 98:6, 8). 쇼파르 외에 다른 소리는 없다!

쇼파르를 부는 것은 하나님의 백성에게 경고하는 것이기도 하다. 에스겔서에서 하나님은 선지자에게 그분의 말씀을 듣고 쇼파르를 불어서 그분을 대신하여 백성들에게 경고하라고 하신다(겔 33:2-7). 이것이 바로 이 절기의 모든 것이다. 이 절기는 경고의 날이다. 선지자들의 시대의 문제점은 백성들의 태도였다. 하나님은 그들의 귀가 할례를 받지 않아서 들을 수 없는 것이라고 선언하셨다. 그분은 그들 위에 파수꾼을 세우시고 쇼파르 소리에 주의하라고 말씀하셨지만, 그들은 듣지 않겠다고 말했다. 하나님은 옛날의 그 좋은 길을 구하면 그들이 생명을 구할 것이라고 말씀하셨지만, 그들은 그 옛 길을 가지 않겠다고 말했다(렘 6:10-19). 부디 이러한 태도를 취하지 않도록 하라!

이사야 58장 1절에서 하나님은 선지자에게 목소리를 쇼파르처럼 높여서 그분의 백성들이 탈선했음을 알려 주라고 말씀하셨다. 나의 소망은 쇼파르를 불어서 하나님의 백성들이 회개하고 그 절기들에 오는 것이다!

심판의 날

로쉬 하샤나의 또 다른 이름은 '욤 하딘'으로, 심판의 날을 뜻한다. 왕권과 재판권은 밀접하게 연결되어 있다. 사람들은 매년 이날에 하늘에서 심판의 문이 열리고 심판 일정에 들어간다고 믿는다. '욤 키푸르'까지 열흘 동안 하나님은 그 다음 해에 누가 살고, 누가 죽어야 할지를 결정하신다. 그리고 욤 키푸르에 문들이 닫히고 판결이 내려진다. 그러므로 하나님께서는 로쉬 하샤나에 보좌에 앉아만 계시는 것이 아니라 또한 온 인류를 심판하시는 것이다. 그러므로 이날은 문들이 열리고 책들이 펼쳐지는 날이다. 이 모든 것을 성경 어디에서 볼 수 있을까?

고린도후서 5장 10절에서는 모든 사람이 메시아의 심판대 앞에 서게 되어 선악 간에 이 세상에서 행한 대로 받을 것이라고 한다. 고린도 교회에 보내는 첫 번째 편지에서 바울은 "그 날이 공적을 밝히리니"라고 썼다. 여기서 그날은 어떤 날을 말하는 것일까? 바로 로쉬 하샤나이다! 불을 통과한 후에 누구든지 그 공적이 불타면 아무것도 보여 줄 것이 없게 될 것이다. 사람이 공적으로 구원을 받는 것이 아니기 때문에 그는 구원은 받겠지만, 금이나 은이나 보석 대신 나무나 풀이나 짚으로 세웠기에 참으로 슬픈 일이라는 것이다. 하나님의 집에서 나오는 그 맹렬한 불에 그에게는 아무것도 남지 않게 된다(고전 3:12-15).

우리는 땅에서 일어나는 모든 것이 하늘의 형식에 기초하고 있음을 기억해야 한다. 모세는 이 천상의 형식에 따라 장막을 지으라는 말씀을 들었다(출 25:9, 민 8:4). 성경의 다른 곳에도 하나님이 보좌에 앉으셔서 불로 심판하시며, 책들이 펼쳐지는 로쉬 하샤나의 개념들이 있을까?

다니엘은 왕의 즉위와 동시에 심판을 보았다(단 7:9-11). 불이 강처럼 흘러 그의 앞에서 나오며, 그를 섬기는 자는 천천이고 그 앞에 모셔 선 자는 만만이다. 그 다음에 심판이 이루어지고 책들이 펼쳐지며 하나님을 모독한 짐승이 죽임을 당해 타오르는 불속에 던져진다!

그런데 이것이 요한이 계시록에서 본 것과 정확하게 일치한다는 사실이 참으로 놀랍다! 5장에서 요한은 보좌를 둘러싼 "많은 천사의 음성"을 듣는데, 그 수는 만만이요 천천으로서 큰 소리로 "죽임을 당하신 어린 양은 능력과 부와 지혜와 힘과 존귀와 영광과 찬송을 받으시기에 합당하도다"라고 외친다(계 5:11-13). 그 다음에는 하늘과 땅과 바다에 속한 모든 피조물이 보좌에 앉으신 그분께 화답한다. 계시록 20장 11-12절에서 요한은 크고 흰 보좌를 보았는데, 죽은 사람들이 하나님 앞에 서 있고 책들이 펼쳐져 있다. 그리고 또 다른 책이 펼쳐지며 죽은 자들은 그 책들에 기록된 대로 자기 행위에 따라 심판을 받는다.

로쉬 하샤나가 문들이 열리고 쇼파르 곧 주의 음성이 울리며 하늘 위에 보좌가 설치되는 날이라고 할 때, 나는 요한이 계시록 4장에서 본 것이 무슨 날인지 궁금해진다. 거기서 그는 하늘에 있는 문들이 열리는 것을 보았다! 그는 나팔 또는 쇼파르 같은 음성이 그에게 말하는 소리를 들었다! 그 음성을 요한이 장차 올 일을 보게 될 것이라고 말했는데, 그는 즉시 성령에 감동되어 하늘에 보좌가 있고 누군가 거기 앉아 있는 것을 보았다(계 4:1-11).

계시록 4장은 보좌에 앉으신 이에게 경배를 드리는 내용으로, 장로들은 자신들의 금관을 벗어 그분 앞에 놓으면서 그분이 영광과 존귀와 권능을 받기에 합당하신 분이라고 찬송한다! 요한은 이러한 일들이 실현될 미래의 로쉬 하샤나를 본 것일까? 그렇다! 로쉬 하샤나는 주께서 심판하러 오실 때 문들을 연다! 시편 24편을 보라.

문들아 너희 머리를 들지어다 영원한 문들아 들릴지어다 영광의 왕이 들어 가시리로다 영광의 왕이 누구시냐 강하고 능한 여호와시요 전쟁에 능한 여 호와시로다 문들아 너희 머리를 들지어다 영원한 문들아 들릴지어다 영광 의 왕이 들어가시리로다 영광의 왕이 누구시냐 만군의 여호와께서 곧 영광 의 왕이시로다 (시 24:7-10)

앞에서 우리는 시편 118편이 절기에 읽힌다는 사실을 배웠다. 그중 19절과 20절을 보자.

내게 의의 문을 열지어다 내가 그리로 들어가서 여호와께 감사하리로다 이 는 여호와의 문이라 의인들이 그리로 들어가리로다

마태복음에서는 인자가 영광으로 오셔서 그분의 보좌에 앉으실 것 이라고 한다. 그분은 모든 민족을 모으고 지극히 작은 자 하나를 어떻게 대했는지에 근거하여 양과 염소로 구분하실 것이다(마 25:31-46). 이것을 유다 땅에서 "너희는 문들을 열고 신의를 지키는 의로운 나라가 들어오 게 할지어다"라고 노래한 이사야 26장 2절과 비교해 보라.

감추어진 날

로쉬 하샤나는 '감추어진 날'이라고도 한다. 이사야 26장을 계속 보

면, 하나님의 백성들에게 방으로 들어가서 문을 닫고 진노하심이 끝날 때까지 "숨으라"고 한다. 왜냐하면 여호와께서 온 세상의 죄악에 대하여 벌하실 것이기 때문이다(시 26:20-21). 시편 27편 5절에서 다윗은 "여호와께서 환난 날에 나를 그의 초막 속에 비밀히 지키시고 그의 장막 은밀한 곳에 나를 숨기시며"라고 썼다. 그리고 스바냐 2장은 여호와를 찾는 세상의 겸손한 자들에게 그분의 진노의 날에 피하라고 경고한다(습 2:1-3).

어떤 사람들은 다음과 같이 말한다. "나는 그날과 시간을 알아야 한다고는 생각하지 않습니다. 왜냐하면 메시아께서 도둑 같이 온다고 하셨으니까요." 물론 어떤 방식으로든 그날과 그 시간을 아는 것은 불가능하다. 왜냐하면 24시간 내내 두 개의 다른 날들이 공존하기 때문이다.[4] 더불어 나는 그 날짜를 안다고 주장하지 않을 뿐더러 주장한 적도 없다. 우리는 그 시기들을 알아야 하는데, 그 시기들은 특별히 약속된 시간들을 말한다!

바울은 데살로니가인들에게 "형제들아 때와 시기에 관하여는 너희에게 쓸 것이 없음은"이라고 했다. 왜냐하면 그들이 이미 그 약속된 시간들을 알고 있었기 때문이다! 계속해서 그는 그들이 메시아께서 밤에 도둑 같이 이르실 것을 안다고 말한다. 그런데 그의 다음 말을 아주 천천히 읽어 보라. "형제들아 너희는 어둠에 있지 아니하매 그 날이 도둑 같이 너희에게 임하지 못하리니"(살전 5:1-2, 4).

예수님께서는 종교 지도자들이 때에 대한 징조를 구별하지 못한다

---

4) 즉, 시차를 말한다. 가장 큰 시차는 거의 18시간이기 때문에 하루 정도의 차이가 나는 셈이다. 그래서 저자는 전 지구적으로 볼 때 매 시간 두 개의 날짜가 공존한다고 말한다(역자 주).

며 꾸짖으셨다(마 16:3). 그리고 주님은 예루살렘이 자신들의 재난을 깨닫지 못하는 것 때문에 우셨다(눅 19:41-44). 성경은 항상 정황 가운데 보아야 하는데, 예수님께서 밤에 도둑 같이 오신다는 말씀은 누구에게 하신 것일까?

계시록에서 주님은 죽은 것과 다를 바 없는 사데 교회에게 밤에 도둑 같이 이를 것이라고 말씀하셨는데, 그들이 깨어 있지 않았기 때문이다(계 3:1-3). 만약 당신이 교회에서 주님이 도둑 같이 오실 것이기 때문에 깨어 있을 필요가 없다고 배웠다면, 교회가 살아 있는지 점검해야 할 것이다! 미지근하고, 가련하고, 가난하고, 눈멀고, 벌거벗은 라오디게아 교회는 흰옷을 사서 벌거벗은 수치를 가리고 안약을 사서 눈에 바르게 하라는 말씀을 듣는다. 그 교회의 문제는 자신들이 사실은 눈멀고 벌거벗었음을 깨닫지 못한 채 미지근하고 부요했다는 것이다(계 3:17-18).

계시록 후반부에는 또다시 주님께서 밤에 도둑 같이 오신다고 기록되어 있다(계 16:15). 나아가 누구든지 깨어 자기 옷을 지키는 사람은 복이 있다고 한다. 깨어 있지 않은 사람들은 벌거벗고 다닐 위험이 있으며, 사람들이 그들의 벌거벗은 수치를 볼 것이다. 이것은 라오디게아 교회에 대한 경고와 비슷하게 들린다. 그러므로 이러한 단락들에 근거할 때, 주님께서는 죽어 있는 교회와 실제로는 눈멀고 가련하고 가난하고 벌거벗고 비참함에도 불구하고 미지근하며 부요함을 추구하는 교회들에게 밤에 도둑 같이 오실 것이다.

그 외에 정황상 누가 그리스도의 재림의 '날과 시간'을 깨닫지 못할까? 당신은 이것이 비유이며, 말 그대로 마치 어느 누구도 날과 시간에 대해 알 수 없다고 말하는 것이 아님을 깨달아야 한다. 그것은 여호와의 전기들이 때와 시기들을 이해하는 것이 불가능하다고 말하는 것이다.

마태복음에서 예수님은 슬기로운 처녀들과 미련한 처녀들에 관한 비유를 말씀하셨다. 슬기로운 처녀들은 혼인 잔치에 갈 준비가 되었지만, 미련한 처녀들은 그렇지 못했다. 그들이 준비할 때는 너무 늦었다! "내가 너희를 알지 못한다"(마 25:8-13)는 예수님의 말씀은 미련한 처녀들에게 하신 것이지, 슬기로운 처녀들에게 하신 것이 아니다. 우리가 누군가를 모른다고 말하는 것은 그를 기억하지 않는다고 말하는 것과 같다! 나팔절은 기억하는 날이다. 미련한 자들은 기억하지 못했고 슬기로운 자들은 기억했다. 그래서 주님이 그들을 기억하셨다!

말라기에서는 여호와를 경외하는 자들이 서로에게 말했더니 여호와께서 들으시고 여호와의 이름을 존중히 여기는 자를 위하여 여호와 앞에 있는 기념책에 기록되었다고 한다(말 3:16-18). 여호와께서는 그분이 정하신 날에 그들을 특별한 소유로 삼고 아끼실 것이며, 누가 의인이며 악인인지를 알게 될 것이라고 말씀하신다. 사람들은 누가 하나님을 섬기는 자인지, 그렇지 않은지 분명히 알게 될 것이다.

메시아의 비유에서 악한 종들은 그 주인이 올 때가 지체되는 것을 보고 자신들보다 약한 자들을 괴롭히기 시작한다(눅 12:37-46). 주인이 도둑같이 올 때에 깨어 있지 않은 자들은 바로 이 악한 종들이다.

두 사람의 뜻이 같지 않으면 동행할 수 없다(암 3:3). 그러므로 창조주의 손을 잡고 동행하기 원한다면, 그분의 시간대를 알고 그것을 따라야 한다.

여호와의 날은 또한 '야곱의 환난의 때'로 알려져 있다. 예레미야 30장에서 선지자는 "어찌하여 모든 남자가 해산하는 여자 같이 손을 자기 허리에 대고"(렘 30:6) 있느냐고 묻는다. 예레미야는 계속해서 "슬프다 그 날이여 그와 같이 엄청난 날이 없으리라 그 날은 야곱의 환난의 때가 됨이로다"(렘 30:7)라고 말한다. 이사야도 이와 똑같은 것을 보았다. 그는 "너희는 애곡할지어다 여호와의 날이 가까웠으니 전능자에게서 멸망이 임할 것임이로다!"라고 하면서 그날 모든 사람의 마음이 녹을 것이라고 경고했다. 모든 사람이 놀라며 괴로움과 슬픔에 사로잡혀 두려워할 것이다. 그들은 마치 해산이 임박한 여자 같을 것이다(사 13:6-8, 26:17).

마태복음에서는 그리스도의 재림 전에 민족이 민족을 대적하여 일어날 것이라고 하는데, 또 다른 번역은 인종들끼리 대적하여 일어난다고 표현한다. 또 기근, 난리, 지진 등이 각처에서 일어날 것이라고 하면서 그것이 재난의 시작이라고 말한다(마 24:7-8). '재난'(sorrow)이라는 단어의 그리스어 정의는 '육체적 고통'이다. 또 스바냐서에서는 욤 테루아(나팔절)와 쇼파르를 울리는 것이 여호와의 날과 연결된다(습 1:14-16). 거기서는 여호와의 큰 날이 가깝고도 매우 빠르다고 말한다. 그날은 분노와 환난과 고통과 황폐와 패망의 날이며, 캄캄하고 어두운 구름과 흑암의 날이다. 이어서 스바냐는 그날을 나팔을 불어 경고하는 날이라고 하였다. 여기서 경고를 의미하는 히브리어가 바로 '테루아'이다!

요엘서 또한 여호와의 날을 욤 테루아의 날과 연결시킨다. 2장은 여호와의 날 곧 어둡고 캄캄한 날이 오고 있음을 알리는 나팔 소리와 경고를 발하라는 명령으로 시작한다(욜 2:1-2).

여기서 또 하나의 놀라운 관계가 나타난다. 여러 점들을 연결하여 그림을 완성하듯 내가 제시하는 구절들이 매우 놀라운 것을 보여 줄 것이다.

잠언서에 마지막 때를 예언하는 내용이 들어 있는 것을 아는가? 계시록 17장 5절은 "그의 이마에 이름이 기록되었으니 비밀이라, 큰 바벨론이라, 땅의 음녀들과 가증한 것들의 어미라 하였더라"고 기록한다. 다니엘서는 마지막 때의 악한 왕이 언약을 배반하고 악행하는 자를 궤휼로 타락시키며 모든 것 위에 자기 자신을 높인다고 말한다(단 11:32-38). 이제 잠언 7장의 예언을 찾아보자.

잠언 7장 5절은 독자들에게 "말로 호리는 이방 여인"에 대해 경고한다. 그러나 곧바로 생각 없는 어리석은 자가 그녀의 집으로 향한다. 어둡고 캄캄한 밤에 그 여인이 기생의 옷을 입었다는 사실에 주목하라(잠 7:7-10). 14절에서 우리는 그녀가 신전의 창기라는 것을 알게 된다. 그녀는 "내가 화목제를 드렸노라"고 떠벌린다. 그리고 계속해서 주인이 집에 없으니 그들이 아침까지 흡족하게 사랑할 것이라고 말한다. 그가 "먼 길을 갔다"는 부분을 마태복음 25장에 나오는 예수님의 말씀과 비교해 보라. 거기서 주인은 그리스도를 나타내는데, 먼 나라로 간다(마 25:14).

그렇다면 그 음녀는 마침내 뭐라고 할까? "남편은 … 보름 날에나 집에 돌아오리라(우리말 '보름'은 영어로 the day appointed, 히브리어로는 '레욤 하케세'이다)"(잠 7:19-20). 그 음녀도 예수님이 오시기로 약속된 날을 알고 있다!

무교절과 장막절은 둘 다 그달의 중반인 보름에 있다. 이 절기들은 첫날부터 단순히 15일을 세면 되기 때문에 쉽게 결정된다. 그러나 그달의 시작은 신월을 살펴야 하기 때문에 각 달이 시작되는 날짜와 시간은 아무도 모른다. 유대인들은 여러 나라에 흩어져 살았기 때문에 봉화를 올려 새로운 달이 시작되었음을 알렸는데, 두 명의 목격자가 확증하면 그달의 첫날이 되는 것이다. 나팔절은 티슈리 월 첫날에 지킨다. 각 날은 아침이 아니라 일몰에 시작되기 때문에 첫날은 우리가 깨어 있는 시간의 절반이 지나게 된다! 따라서 나팔절은 이틀을 지키기에 하루가 더 길다. 이것은 시작되는 날짜나 시간을 아무도 모르는 유일한 절기이다! 이 날은 상징적으로 사탄에게 감추어진 날이다. 사탄은 나팔절이 된 것을 짐작조차 못할 것이다.

몇 가지 예언들은 그 계시에 맞는 시간까지 비밀로 감추어져 있다. 이것이 바로 사도 요한이 계시록 10장에서 일곱 천둥소리가 무엇을 말했는지 기록하지 않고 봉인했던 이유이다. 다니엘 또한 그에게 보였던 그 예언의 말씀들을 인봉하고 마지막 때까지 그 책을 간수하라는 말을 들었다(단 12:4). 천사는 계속해서 많은 사람들이 정결해질 것이나 악한 사람들은 악을 행할 것이며, 그들 중에 아무도 깨닫지 못하고 오직 지혜로운 자들만 이해할 것이라고 말한다(단 12:10). 같은 장에서 마지막 때에 지식이 증가할 것이라고 하는데(단 12:4), 하나님께서 비밀을 보여 주셔서 성경에 대한 지식이 증가할 것을 의미하는 것일 수도 있다. 신명기 29장 29절은 비밀한 것들은 여호와께 속한 것이라고 말하지만, 계시된 것들은 토라의 말씀을 행하는 사람들에게 속한 것이다.

메시아의 결혼식

나팔절의 또 다른 이름은 '하키두쉰/니수인' 또는 메시아의 결혼식이다. 이사야서에서는 젊은 남자가 처녀와 결혼하는 것처럼 그리고 신랑이 그 신부를 기뻐하는 것처럼, 하나님이 우리를 기뻐하신다고 말한다(사 62:5). 여기서 신부는 예루살렘으로, 여호와께서 예루살렘을 땅에서 찬양받게 하실 때까지 쉬지 말고 부르짖어야 한다(사 62:6-7). 예루살렘은 계시록 21장 2절에서도 신부로 나타난다.

그러면 왜 이 특별한 날을 결혼식 날로 여기는 것일까? 왜냐하면 아담과 하와의 인류 최초의 결혼식이 바로 이날 있었기 때문이다! 하나님께서 직접 주례를 하셨고, 땅과 하늘이 증인이 되었다. 유대교 결혼식에서는 신부와 신랑에게 일곱 가지를 축복하는데, 대부분이 태초로 거슬러 올라간다. 일곱 가지 축복 안에는 포도 열매를 만드신 창조주에 대한 찬양이 있다. 이는 자신의 영광을 위해 모든 것을 창조하신 분, 에덴동산에 있는 피조물을 기뻐하시는 인류의 창조주에 대한 것이다.

그 다음으로 우주의 왕이신 하나님에 대한 찬양이 있는데, 기쁨과 즐거움, 신랑과 신부, 웃음소리, 신나는 노래, 유쾌함, 명랑함, 사랑, 동포애, 평화 그리고 연대의식을 만드신 분에 대한 것이다. 그 축복은 또한 창조를 언급함으로써 미래의 시간을 암시한다. 이것은 인류를 향한 하나님의 목적들이 완수되는 때이다.

앞서 읽은 요엘서에서는 여호와의 날에 백성들을 모으고 그들을 성결케 하도록 시온에서 나팔을 불라고 명령한다(욜 2:15-16). 거기서 자기 방을 떠나는 신랑과 자기 처소 밖으로 나오는 신부에 대해 말한 것을 주목하라. 여기서 처소에 해당하는 히브리어는 '후파'로, 유대인들은 전통적으로 그 밑에서 혼례를 치른다.

욤 테루아와 결혼식의 개념은 나란히 함께 간다. 결혼식은 두 단계로 이루어지는데 첫 번째 단계는 '키두신'(약혼 예식)이다. 이것은 신랑이 신부에게 청혼하는 것으로, 그녀가 받아들이면 그들은 약혼하게 된다. 여자는 두 번째 단계인 '니수인' 또는 실제 결혼식 날까지 오직 신랑을 위해 격리되어 지낸다. 전통적으로 신부와 신랑은 결혼식 전 한 주 동안 서로를 보는 것이 금지되는데, 이것은 서로에 대한 열망을 증대시키기 위함이다.

전형적으로 결혼은 부모들이 주관한다. 아브라함이 그의 아들 이삭을 위해 신붓감을 찾았던 것이 그 예다. 신랑은 상당한 금액의 돈과 약혼을 위한 계약서, 그리고 포도주 한 가죽 부대를 가지고 신부의 집으로 간다. 만약 신부에 대한 금액이 인정되면, 포도주 한 잔을 따르고 약혼을 위한 계약서가 둘 사이의 법적인 문서가 된다. 약혼만 했을 뿐이지만, 그때부터 그들은 남편과 아내로 여겨진다.

창세기 24장 53절에서 아브라함의 종 엘리에셀은 신부를 위한 옷뿐만 아니라 은과 금으로 된 보석들을 가지고 리브가의 집으로 갔다. 그는 또한 리브가의 모친과 오빠에게도 선물을 주었다. 리브가의 가족들이 그와 함께 가서 이삭과 결혼하겠느냐고 물었을 때, 그녀는 흔쾌히 동의했다(창 24:58). 아직 공식적으로 결혼하지 않은 상태이지만, 신부에 대한 값을 치렀기 때문에 약혼이 된 것이다.

성경에는 약혼 증서뿐만 아니라 '케투바'로 알려진 결혼 증서도 나타난다. 고린도전서 6장 20절에서는 이것을 "값으로 산 것이 되었다"고 표현한다. 베드로는 얼마나 높은 가격을 치렀는지 말하며 그것이 금이나 은 같이 썩어질 것보다 훨씬 더 비싼 것이었다고 말한다. 메시아께서 치르신 대가는 바로 그분의 피였다(벧전 1:18-19). 주님은 또한 영적인 은사들(고전 12:1)을 포함한 선물도 주셨다(엡 4:7-8).

이러한 법적 문서 안에는 신랑의 약속과 신부의 권리가 진술되는데, 고린도후서 1장 20절은 하나님의 모든 약속들이 '예' 그리고 '아멘'이 되었다고 말한다! 요한일서에서는 신부의 권리에 대해 우리가 그분의 뜻대로 구하면, 무엇이든지 요구할 수 있다고 말한다(요일 5:14-15). 그러나 출애굽기에서 이스라엘이 "예" 하고 자신을 맡겼던 것과 같이 우리도 그렇게 해야 한다. 로마서 10장 10절은 우리가 입으로 "시인하여 구원을 얻는다"고 말한다. 리브가가 이삭을 본 적이 없음에도 불구하고 "예" 하고 자신을 맡겼다는 사실이 참으로 흥미롭다. 그렇다면 우리도 메시아를 본 적이 없더라도 우리 자신을 맡길 수 있어야 한다.

호세아서에서는 여호와께서 이스라엘과 약혼했다고 말한다(호 2:19-20). 이 약혼은 이스라엘이 시내 산에서 계약을 체결하고 "예"라고 말했을 때 성립되었다(출 19:8, 24:1-8). 문제는 얼마 지나지 않아 그들이 신의를 저버리고 금송아지를 숭배함으로 계약을 깨뜨렸다는 사실이다. 계약을 위해 모세가 '욤 키푸르'에 새로운 돌판을 들고 시내 산에서 내려온 후에 결혼식이 열렸다. 그들은 즉시 성막, 신부와 신랑을 위한 '후파'를 지었다. 이삭과 리브가의 결혼식, 그리고 하나님과 이스라엘의 결혼식 사이에는 놀라운 연관성이 있다.

이삭의 종 엘리에셀은 반 세겔짜리 금고리 하나를 리브가에게 주었다(창 24:22). 반 세겔에 해당하는 히브리어는 '베카'이다. 이것은 매우 독특한 히브리어로, 토라에서는 출애굽기 38장 26절에 한 번 더 등장한다. 하나님께서 백성들이 계수되는 것을 원치 않으셨기 때문에 그들은 생명의 속전으로 반 세겔을 내야 했다(출 30:12). 출애굽기 38장에 따르면, 속전으로 바쳐진 은 반 세겔은 성소 장막의 고리를 만드는 데 사용되었다고 한다. 여기서 예물은 한 사람당 한 '베카' 곧 은 반 세겔이었다.

여기서 '한 사람당'에 해당하는 히브리어는 '굴골레트'('해골'이라는 뜻)인데, 이 말에서 '골고다'가 나왔다. 반 세겔에 해당하는 '베카'에는 '쪼개다' 또는 '부서지다'라는 뜻이 있다. 마태복음 27장 33절은 '골고다'로 알려진 해골들의 자리에 대해 언급한다. 그러므로 토라에 따르면, 이스라엘은 희생제물을 바쳐 자신들의 생명을 구할 성소의 건립을 위해 '골고다에서 부서진 것'을 예물로 바쳤다. 이것을 참고할 때, 이삭이 자신의 종을 통해 신부에게 결혼 예물로 금 '베카'를 준 것은 신부가 신혼집을 짓기 위해 신랑에게 은고리를 주는 것과 연결된다.

유대인 신부는 '미크바'라고 불리는 물속에 몸을 담근다. 이것은 새로운 삶이 시작되었음을 나타내는 구별된 행위이다. 값을 치르고 산 신부는 남편을 기쁘게 하는 법을 배우면서 약혼 기간을 보냈을 것이며, 신랑이 그녀를 맞을 처소를 준비하고 돌아오기를 기다렸을 것이다. 예수님이 우리를 위해 처소를 준비하고 돌아올 것을 약속하신 것과 마찬가지로 말이다(요 14:1-4). "보라 신랑이로다 맞으러 나오라"는 외침과 함께 신랑이 돌아올 것이며 쇼파르가 울릴 것이다. 우리는 이것을 열 처녀 비유에서 엿볼 수 있다(마 25:6). 이것은 '쇼파르'의 울림이 함께 하는 '욤 테루아'의 함성으로 곧 시작될 결혼 예식을 위한 것이다! 신랑은 신부를 결혼식이 치러질 신부의 방으로 데려간다.

여전히 많은 신자들이 어린 양의 결혼 만찬을 위한 예행연습에 참석하지 않는 것이 매우 안타깝다. 마태복음 22장에서 예수님은 하늘나라를 아들을 위해 결혼식을 준비한 왕에 비유하셨다. 그 왕은 종들을 보내어 사람들을 결혼식에 초대했지만, 그들은 오지 않았다. 왕은 더 많은 종들을 보내어 그가 개인적으로 초대한 사람들에게 맛있는 요리가 나올 참이라고 전했다. 과연 모든 것이 준비되었다고 해서 그들이 결혼식에 오려 했을까? 그들은 그것을 무시하고 자기 일을 계속하였다. 세상일과 돈 버는 것에 더 관심을 가졌던 것이다. 마침내 왕은 처음에 초대한 사람들이 필요 없다고 말한다. 만나는 사람마다 초대하라는 명을 받은 종들로 인해 예식장은 선한 자나 악한 자 구분 없이 다양한 손님들로 채워졌다(마 22:1-11).

이와 비슷하게, 누가복음에서 예수님은 큰 잔치를 준비하고 많은 사람을 초대한 사람에 대해 말씀하셨다(눅 14:16-24). 그런데 만찬 시간이 다 되도록 그들이 오지 않았다. 그때 종들이 그들에게 가서 만찬이 준비되었다고 말하지만, 그들 모두가 핑계를 대기 시작했다. 마침내 주인은 처음에 초대되었던 사람 중 어느 누구도 그 잔치를 맛보지 못할 것이라고 말한다.

오늘날 수많은 신자들이 하나님께서 신성하게 정하신 예행연습들에 대해 알지도 못한다. 혹여 안다 할지라도 그분의 초대를 가볍게 여기고 핑계를 대며 예행연습에 참석할 시간조차 내려 하지 않는다면, 실제로 부름 받았을 때 그들이 응답할 수 있을까?

히브리어 '모에드'는 '절기'로 번역되는데, 이것은 합의에 기초하여 정해진 시간에 만나는 것을 의미한다. 만약 두 사람이 결혼하기를 원한다면, 그들은 결혼식 날짜와 시간을 정할 것이다. 우리의 경우, 하나님께서 행사를 주관하시지 우리가 하는 것이 아니다. 만약 그분의 달력을 따르지 않는다면, 어떻게 그분과 만날 계획을 세울 수 있겠는가?

계시록 19장은 어린 양의 혼인 잔치와 그의 신부가 어떻게 단장하는지에 대해 말한다. 그녀는 희고 깨끗한 세마포로 단장한다. 본문은 그 혼인 잔치에 초청받은 자들은 복이 있다고 말한다(계 19:7-9). 흥미롭게도 본문은 그 다음에 "하나님의 큰 잔치"를 언급한다. 천사는 공중의 새들에게 이 큰 잔치에 와서 왕들과 장군들과 용사들의 고기를 먹으라고 외친다(계 19:17-18). 당신은 어떤 자리에 앉고 싶은가? 이것은 당신의 선택에 달려 있다.

시편 102편은 하나님이 일어나 시온을 긍휼히 여기실 것이라고 말한다. 우리는 시온이 예루살렘의 또 다른 이름임을 안다. 본문은 계속해서 시온을 위해 '정한 기한'이 다가온다고 말하는데, 히브리어로 정한 기한은 모에드, 곧 신성한 약속시간이다!

본문은 이어서 "여호와께서 시온을 건설하시고 그의 영광 중에 나타나셨음이라"(시 102:13, 16)고 한다. 오늘날 온 세계가 예루살렘 주변의 정착촌 건설에 분개하고 있다. 이스라엘은 1967년에 예루살렘을 탈환했으며, 이후로 여호와께서 시온을 건설하고 계신다! 지금은 그분이 영광 중에 나타나실 때이다. 이어지는 구절들은 이 일이 장래 세대들을 위해 기록될 것이라고 말한다(시 102:18). 이것은 과연 무슨 뜻일까? 히브리어로 '장래 세대'는 종말 또는 마지막 세대를 의미한다! 그러므로 예루살렘의 건설을 보는 세대는 또한 여호와께서 그의 영광으로 오시는 것을 보게 될 것이다!

우리는 현실과 하나님의 일에 복합적인 양상들이 있음을 깨달아야 한다. 그러나 문제는 우리 가운데 많은 사람들이 그리스적 사고방식을 갖고 있다는 것이다. 거기에는 오직 하나의 답변만 있을 뿐이다. 그러나 히브리적 사고방식에는 복합적인 답변들이 존재할 수 있다. 사실상 성경에는 70가지의 양상들이 있다고 한다.[5] 과연 하나님의 계시들 가운데 얼마나 깊이 들어갈 수 있을까?

로쉬 하샤나에 대해 지금까지 배운 것들을 복습해 보자. 이 절기는 나팔절, 혹은 욤 테루아로 알려져 있는데, 그 의미는 '나팔 부는 날'로 그날 '쇼파르'가 100번 울린다. 그것은 왕의 즉위를 알리는 것과 죽은 자들의 부활 때에 땅의 먼지 가운데 잠들어 있는 자들을 깨우는 알람이라는 두 가지 목적으로 울린다. 쇼파르는 또한 환난의 때, 또는 책이 펼쳐지는 심판의 날이 시작되었다는 신호이다.

로쉬 하샤나는 또한 메시아의 결혼식 날이며 감추어진 날이다. 따라

---

5) 70Facets 웹사이트를 참조할 것(http://70facets.org/).

서 이 모든 사건들이 어느 해인가 바로 이날에 일어날 것임을 기억하는 것이 매우 중요하다. 나는 이 사건들이 같은 해에 일어날 것이라고 생각하지 않는다.

마지막으로 기억해야 할 한 가지는 여호와께서 모세에게 '여호와의 절기들'에 관하여 말씀하실 때, 정확하게 그것들이 여호와께 속한 절기들을 의미했다는 사실이다. 그분은 심지어 다음과 같이 반복하시면서 "이것이 나의 절기들이니" 백성들이 거룩한 예행연습으로 "공포해야" 한다고 하셨다(레 23:1-2). 공포한다는 것은 문자적으로 초대받은 모든 사람들을 부른다는 의미이다.

이 임무를 완수하는 것이 이 책의 목적이다. 당신은 잔치에 초대받았다. 그 자리에 참석하겠는가?

일곱째 달에 이르러는
그 달 초하루에 성회로 모이고
아무 노동도 하지 말라
이는 너희가 나팔을 불 날이니라

민 29:1

욤 키푸르
(속죄일)

온 세상을 구원할 생각을 가지고 계셨던 하나님은 이스라엘을 제사장 나라로 선택하셨다. 그들은 '욤 키푸르'에 대제사장 아론이 자신과 자신의 집을 위해 먼저 속죄해야 했던 것처럼 자신의 죄에 대해 속죄한다. 그리고 닷새 후인 장막절에는 온 세상 민족들을 위해 속죄한다! 이런 방식으로 제사장 나라인 이스라엘 민족이 속죄한 후 차례로 세상의 남은 자들을 위해 속죄한다.

이스라엘의 속죄일

　이번 장에서는 흥미진진한 다음 약속시간을 살펴볼 것이다. '욤 키푸르', 또는 속죄일로 불리는 이날은 한 해를 통틀어 가장 중요한 날이다. 우리는 그날이 역사적으로 무엇을 의미하는지, 그리고 어떠한 전조로 예행연습을 하는 날인지에 대해 알아볼 것이다. 성경에서 이날은 '욤 키푸림' 또는 속죄들을 위한 날로 알려져 있다. 그런데 왜 복수형으로 쓰인 것일까? 레위기에는 아론이 자신과 자신의 집을 속죄하기 위해 소를 특별한 제물로 드렸음에도 불구하고, 성소와 장막과 제단과 제사장들과 그리고 모든 백성들 또한 속죄해야 한다고 쓰여 있다(레 16:6, 33). 여기에는 매우 큰 의미가 있다.

　그렇다면 속죄일은 유월절과 어떻게 다를까? 하나님은 왜 욤 키푸르를 제도화하셨으며, 예수님이 욤 키푸르가 아닌 유월절에 죽게 하셨을까? 이에 대한 답변을 하기 전에 몇 가지 사실을 확인해 보자.

세 개의 가을 절기들은 모두 누 주간 안에 들어 있다. 로쉬 하샤나는 7월 첫날로, 바로 다음에 이어지는 욤 키푸르까지 참회의 시간을 갖는다. 하나님은 바로 이 특별한 속죄일을 위해 그분의 달력에 특별한 날을 구별하셨는데, 바로 7월 10일이다(레 23:27). 그래서 우리는 회개하는 날을 보낸 후 구원의 날까지 짧은 시간 다음에 7월, 티슈리 월 15일에 시작되는 한 주간의 파티, 즉 장막절이라고 불리는 즐거운 날을 맞는다.

욤 키푸르 당일에 무슨 일이 일어났는지 아는가? 이스라엘이 금송아지를 경배한 일 때문에 모세는 백성들을 위해 중보하려고 또다시 산으로 올라갔다(출 32:30-33). 백성들에게 그들이 큰 죄를 지었다고 말한 모세는 산에 올라가서 그들의 속죄를 위해 애썼다. 심지어 하나님께 그들의 죄를 용서하지 않으시거든, 자신의 이름을 책에서 지워 달라고 요청했다.

모세가 손에 새로운 돌판을 들고 시내 산에서 내려올 때, 그의 얼굴에서 발하는 광채로 인해 이스라엘 백성들은 두려워서 가까이 오지도 못했다(출 34:29-30). 그날이 바로 7월 10일, 욤 키푸르였다. 바로 그날, 모세는 하나님께서 그들을 용서하셨다고 선포했으며, 백성들은 하나님께서 친히 거하실 성막을 짓기 위해 자원하는 마음으로 예물을 가져왔다(출 35:4-7).

앞에 제기된 질문에 답변하자면, '욤 키푸르'는 오직 이스라엘을 위한 것으로 그들의 민족적인 속죄일이었다. 출애굽기 19장 6절은 이스라엘이 제사장 나라가 되고 거룩한 민족이 되어야 한다고 말한다. 반면에 유월절은 개인의 구원에 대해 말한다.

온 세상을 구원할 생각을 가지고 계셨던 하나님은 이스라엘을 제사장 나라로 선택하셨다. 그들은 '욤 키푸르'에 대제사장 아론이 자신과 자신의 집을 위해 먼저 속죄해야 했던 것처럼 자신의 죄에 대해 속죄한다. 그리고 닷새 후인 장막절에는 온 세상 민족들을 위해 속죄한다! 이런 방식으로 제사장 나라인 이스라엘 민족이 속죄한 후 차례로 세상의 남은 자들을 위해 속죄한다.

노아의 홍수 후에 하나님은 이 땅의 민족들을 나누셨다. 이때까지 70개의 민족들이 있었는데, 이스라엘이 존재하기 오래전의 일이다. 그런데 신명기 32장 8절에서는 지극히 높으신 분이 민족들에게 기업을 분배하실 때, "이스라엘 자손의 수효대로" 그 경계를 정하셨다고 서술한다. 어떻게 이런 일이 가능할까? 당시에는 이스라엘 자손들이 존재하지 않았다. 당신은 하나님께서 이 모든 것을 이미 계획하실 수 있다는 사실을 생각해 본 적 있는가? 출애굽기 1장 5절은 야곱의 허리에서 70인이 나왔다고 말한다! 그리고 매년 이스라엘의 민족적 속죄일 닷새 후인 장막절에 하나님은 이스라엘에게 정확히 70마리의 소를 바치라고 말씀하셨다(민 29:13-32).[1]

마귀가 얼마나 영리한지 생각해 보라! 그는 이방 민족들을 몰고와서 하나님이 그들의 속죄를 위해 사용하셨던 바로 그 성소를 파괴하게 만들었다. 만약 이방 민족들이 성전에서 자신들을 위해 무슨 일이 이루어지

---

1) 첫날에 13, 둘째 날에 12, 셋째 날에 11, 넷째 날에 10, 다섯 째 날에 9, 여섯 째 날에 8, 일곱 째 날에 7, 도합 70이다.

는지 알았다면, 그것을 파괴하는 대신 성전 주위를 둘러싸고 보호했을 것이다. 마태복음에서 양과 염소들을 분리할 때, 그들이 개인이 아니라 민족들이었던 것이 바로 이 때문이다(마 25:31-33).

하나님께서는 희년이 되어 그날을 기념하여 나팔을 부는 날이 바로 '욤 키푸르'임을 말씀하시며 50년을 세어서 그 땅 전체에 자유를 선포하라고 하셨다(레 25:9-10). 아론이 염소 두 마리를 취해서 성막 문 여호와 앞에 드리는 날이 바로 '욤 키푸르'이다(레 16:6-11). 그는 두 개의 제비를 뽑는데 하나는 속죄를 위해, 하나는 여호와를 위해 뽑는다. 여호와를 위해 제비 뽑힌 염소는 희생제물로 바쳤다. 이스라엘은 여호와를 위해 뽑은 제비가 아론의 오른손에 있으면 좋은 징조라고 믿었다.

다른 염소는 속죄를 위해 산 채로 광야로 보내진다. 모든 민족들의 죄를 머리에 짊어진 염소가 당신의 나라에 나타난다면 어떻겠는가? 심지어 그 염소가 당신의 나라에 눌러앉거나 도시로 다시 돌아온다면 어떻겠는가? 이스라엘은 그 염소를 절벽 아래로 던져 버리는 것이 최선이라고 결정한 후 그렇게 하였다!

역사적으로, 그들은 홍색 실을 그 속죄 염소의 뿔 한쪽에 묶고 또 다른 홍색 실을 성전 문 하나에 매었다. 많은 기록에 의하면 그들이 염소를 절벽으로 던졌을 때 성전 문에 매어 놓은 홍색 실이 흰색으로 변하는 기적이 일어났으며, 그것으로 죄 사함을 받았다는 것을 알았다고 한다. 이것은 "너희 죄가 주홍 같을지라도 눈과 같이 희어질 것"이라는 이사야 1장 18절에 근거한 것이다.

탈무드는 성전이 파괴되기 40년 전부터 발생한 네 가지 불길한 사건들을 기록한다.2) 갑작스럽게 여호와를 위해 뽑는 제비가 오른손에 놓이지 않게 되고, 홍색 실이 흰색으로 변하지 않았으며, 성전 메노라(촛대)의 서쪽 끝에 있는 촛대에 불이 붙지 않았고, 성전 문이 저절로 열렸다고 한다! 이러한 사건들이 예수님께서 돌아가실 무렵인 주후 30년경에 일어났다는 것은 참으로 믿기 힘든 사실이다!

요세푸스도 이 사건들을 기록했다.3) 그에 따르면 성전의 문은 놋쇠로 만들어졌고 높이가 75피트에 엄청 무거워서 스무 명의 장정들이 있어야 열고 닫을 수 있었다고 한다. 심지어 그 문은 커다란 돌에 걸쇠로 고정되어 있었다. 그런데 그 문들이 한밤중 제6시에 저절로 열렸다고 한다! 그는 또한 어리석은 사람들은 그것을 길조라고 생각하는 반면, 지각 있는 사람들은 문이 열림으로써 안전에 구멍이 뚫린 것이며 적에게 유리해진 것임을 알았다고 기록하였다!

이 해석은 스가랴 11장 1절에 근거한다. "레바논아 네 문을 열고 불이 네 백향목을 사르게 하라"(참고로 성전은 백향목으로 지어졌다). 아울러 요세푸스는 그 시간이 유월절 주간의 밤 제6시였다고 기록했다. 더 놀라운 사실은 그때가 바로 빌라도가 유대인들에게 "보라 너희 왕이로다"라고 말하자 그들이 "없이 하소서 … 그를 십자가에 못 박게 하소서"(요 19:14-15)라고 외친 시간이었다는 것이다.

욤 키푸르에 자유가 선포되었다는 사실을 기억하라. 성경의 달력에

---

2) Yoma Sukkah 4.5b

3) Josephus, The War of the Jews, bk. 6, chap. 5.3.293.

서 가을 절기들 이전 달은 '엘룰' 월로, 회개의 달이자 가을 절기들을 준비하는 기간으로 일려져 있다. 세례 요한은 엘룰 월 첫날에 예수님께 세례를 베풀었고, 그 후에 예수님은 광야에서 40일을 지내셨다. 그런데 욤 키푸르까지가 40일이다!

그러므로 예수님이 나사렛에 오셔서 회당 안에서 이사야 61장을 읽으신 때는 절기 중이었다. "주의 성령이 내게 임하셨으니 이는 가난한 자에게 복음을 전하게 하시려고 내게 기름을 부으시고 나를 보내사 포로 된 자에게 자유를, 눈먼 자에게 다시 보게 함을 전파하며 눌린 자를 자유롭게 하고 주의 은혜의 해를 전파하게 하려 하심이라." 그 후 주님은 책을 덮고 다음과 같이 말씀하셨다. "이 글이 오늘 너희 귀에 응하였느니라." 사실상, 예수님은 욤 키푸르에 희년을 선포하신 것이다(눅 4:1-2, 14-21). 그 다음에 무슨 일이 일어났는지 확인하면 참으로 놀랄 것이다.

"회당에 있는 자들이 이것을 듣고 다 크게 화가 나서 일어나 동네 밖으로 쫓아내어 그 동네가 건설된 산 낭떠러지까지 끌고 가서 밀쳐 떨어뜨리고자 하되"(눅 4:28-29). 이 구절이 왜 놀라운지 아는가? 그날이 '욤 키푸르'였고, 사람들이 절벽으로 밀어 버리려 했던 속죄양이 바로 주님이셨기 때문이다! 그러나 그분의 때가 아직 아니었다. 그분이 이사야서를 인용하실 때 문장 중간에 잠깐 건너뛰신 것을 주목하라. 이사야 61장 2절은 "여호와의 은혜의 해" 다음에 "우리 하나님의 보복의 날"을 언급한다. 그렇다면 그것은 무엇을 의미할까? 예수님께서 오셨을 때는 단지 "여호와의 은혜의 해"를 선포하는 시간이었고, 보복의 날은 이 시대를 위해 보류된 것이다.

계시록에 나타난 욤 키푸르

잠시 되돌아가서 다시 '욤 키푸르' 예식을 살펴보자. 레위기 16장은 대제사장이 거룩한 세마포 겉옷을 입고 속옷과 허리띠를 착용하며 세마포 관을 쓰고 희생제물을 드려야 한다고 말한다(레 16:3-5). 온갖 피를 흘리는 희생제사를 수행하면서 새하얀 세마포를 입는 것이 가능하다고 생각하는가? 우리는 계시록 19장 8절을 통해 하얀 세마포가 의로움을 상징한다는 것을 안다. 이제 속죄 예식을 살펴보면서 요한계시록 안에서 임박한 예행연습의 주제들을 찾아보자.

먼저 대제사장은 여호와 앞에 있는 제단의 불을 향로에 담은 후 그 손에는 곱게 빻은 향을 가득 들고 지성소로 들어간다(레 16:12-15). 그 다음에는 향에 불을 놓아 향연이 시은좌(속죄소)를 덮어 자신이 죽지 않도록 한다. 그리고 황소의 피와 염소의 피를 가져다가 시은좌(속죄소) 위에 일곱 번 뿌린다. 우리는 성경을 통해 우리의 기도가 향연과 같다는 사실을 안다(시 141:2). 아울러 성막이 하늘에 있는 것의 모형이라는 사실도 기억하라. 그러므로 지상의 성막에서 일어나는 일이 동시에 하늘에서도 일어난다.

계시록 6장에서 다섯 번째 봉인을 열었을 때, 요한은 하늘의 제단 아래에 하나님의 말씀과 자신들이 가진 증거 때문에 죽임을 당한 자들의 영혼들을 보았다. 그들은 다음과 같이 부르짖었다. "거룩하고 참되신 대주재여 땅에 거하는 자들을 심판하여 우리 피를 갚아 주지 아니하시기를 어느 때까지 하시려 하나이까?" 그들은 복수의 날이 시작되기를 원하고 있다! 그러나 그들은 흰 두루마기를 받고 잠시 동안 쉬라는 말을 듣는다(계 6:9-11).

계시록 8장에서 우리는 금향로를 가진 천사가 와서 제단 옆에 서 있는 것을 본다. "또 다른 천사가 와서 제단 곁에 서서 금 향로를 가지고 많은 향을 받았으니 이는 모든 성도의 기도와 합하여 보좌 앞 금 제단에 드리고자 함이라 향연이 성도의 기도와 함께 천사의 손으로부터 하나님 앞으로 올라가는지라." 천사는 향로에 제단의 불을 담아 땅에 쏟는다. 그 다음에 일곱 나팔을 가진 일곱 천사가 나팔을 불 준비를 한다(계 8:3-6).

오늘날 욤 키푸르를 지킬 때, 예식에 참여하는 모든 사람들은 흰옷을 입는다. 심지어 대제사장도 화려한 겉옷을 벗고 온통 하얀 세마포를 입은 채 희생제물의 피가 튀게 해야 한다.

이사야 63장에는 "에돔에서 오는 이 누구며 붉은 옷을 입고 보스라에서 오는 이 누구냐 그의 화려한 의복 큰 능력으로 걷는 이가 누구냐 … 어찌하여 네 의복이 붉으며 네 옷이 포도즙틀을 밟는 자 같으냐"(사 63:1-2)라고 기록되어 있다. 그의 옷에 온통 피가 튀었다는 것이다! 그리고 메시아께서 홀로 포도즙틀을 밟았다고 말씀하신다. 그분은 계속해서 그분의 옷에 피가 튈 때까지 분노와 진노함으로 그들을 짓밟을 것이라고 말씀하신다. 그분의 의복은 완전히 얼룩질 것인데, "이는 내 원수 갚는 날이 내 마음에 있고 내가 구속할 해가 왔다"는 것이다(사 63:3-4).

이것이 바로 메시아께서 피의 보수자로, 계시록의 제단 아래 있는 영혼들을 포함하여 무죄한 피를 갚는 보수자로 대제사장처럼 오실 때의 '욤 키푸르' 사건들이라는 것을 알면 참으로 놀랍다!

그분이 포도즙틀을 밟으시는 것을 주목하라. 가을 절기들은 7월에 있는데, 이때는 포도를 수확하는 때이다. 이것이 바로 계시록 14장 18절에서 천사가 "네 예리한 낫을 휘둘러 땅의 포도송이를 거두라 그 포도가 익었느니라"는 말을 듣는 이유이다. 하나님은 이것이 우리에게 단순하기를 원하셨는데, 우리가 교리들로 매우 복잡하게 만들었다.

예수님은 마태복음의 비유에서 단순하게 밭이 세상이고, 좋은 씨는 천국의 아들들이며, 가라지는 악한 자의 아들들이라고 말씀하셨다(마 13:38-39). 이어서 그분은 가라지를 뿌린 원수는 마귀이며, 추수는 세상 끝 날이고, 추수꾼은 천사들이라고 말씀하셨다. 이것이 바로 모든 절기가 추수 절기인 이유이다. 고대 이스라엘은 농경사회였기 때문에 출애굽기에서 이스라엘이 하나님께로부터 1년에 세 번씩 약속된 시간에 하나님 앞에 나오라는 말씀을 들었다. 첫 번째가 보리 추수를 위한 첫 번째 달의 무교절, 두 번째가 세 번째 달의 밀 추수를 기념하는 샤부오트 절기, 세 번째가 포도 추수를 하는 연말의 수장절이다(출 23:14-16).

다시 이사야서로 돌아가 63장 3절에서 메시아는 아무도 없는 상태에서 홀로 자신의 옷이 얼룩지게 하신다. 이것을 속죄일 예식과 비교하면, 대제사장이 성소 안에 속죄하러 들어갔을 때, 그가 나와서 자기 자신과 자기 가족들과 이스라엘 온 회중을 위해 속죄할 때까지 어느 누구도 회막에 들어갈 수 없는 것과 같다(레 16:17). 마찬가지로 계시록 15장 8절에서도 성전이 하나님의 영광과 권능으로 가득 차 있을 때, "성전에 능히 들어갈 자가 없더라"고 하였다.

이제 계시록에서 욤 키푸르가 보이는가? 그런데 한 가지 더 있다! 일곱 천사가 나팔을 분 후에 죽은 자들을 심판하고 성도들에게 상을 주는 하나님의 진노의 때가 온다(계 11:15-19). 이것을 상기시키는 수단으로, 욤 테루아에 하늘의 법정이 회기를 시작하고 하나님이 모든 사람들을 심판하신다. 심리는 열흘간 지속되며, '욤 키푸르'에 책이 닫히고 선악 간에 선고를 받는다.

여기서 또다시 우리는 하나님이 심판석에 앉으시고 상을 베푸실 때 이러한 틀에 짜인 시간을 본다. 대제사장은 오직 1년에 한 번 지성소에 들어가 법궤 앞으로 나올 수 있었다(레 16:2, 34). 계시록에 있는 그 다음 구절은 다음과 같이 말한다. "이에 하늘에 있는 하나님의 성전이 열리니 성전 안에 하나님의 언약궤가 보이며 또 번개와 음성들과 우레와 지진과 큰 우박이 있더라"(계 11:20). 이러한 내용으로 보아 이것이 욤 키푸르 행사가 아니라면 무엇이겠는가?

계시록 19장에서 나팔절부터 욤 키푸르까지 틀로 짜여진 시간에 관해 무엇을 볼 수 있을까? 이해를 돕기 위해 19장의 구절들을 요약해 보았다. "그의 심판은 참되고 의로운지라 … 큰 음녀를 심판하사 자기 종들의 피를 그 음녀의 손에 갚으셨도다"(계 19:2). 계속해서 그분은 피 뿌린 옷을 입으셨는데, 그의 이름은 하나님의 말씀이다. 그분을 따르는 군대는 백마를 탔으며 모두 희고 깨끗한 세마포 옷을 입었다! 욤 키푸르에 모든 사람이 흰옷을 입었다! 마침내, 그의 입에서 날카로운 검이 나와 민족들을 치며 그분은 철장으로 그들을 다스리시고 전능하신 이의 맹렬한 진노로 포도주틀을 밟으신다(계 19:13-15).

수치가 제거됨

　속죄에 해당하는 히브리어는 '덮다'라는 의미이다. 이 용어를 묘사하는 방법 중 하나는 어떤 범법 행위를 덮어 주거나 어떤 범법 행위를 대신해 주는 무언가를 생각하는 것이다. 예를 들어, 창세기에서 아브라함이 사라를 아비멜렉에게 넘겨주었을 때, 하나님은 꿈에서 아비멜렉을 위협하셨다. 이에 아비멜렉이 사라에게 말하기를 은 천 개를 아브라함에게 주어서 그녀와 함께 있었던 모두의 눈을 "가렸다"고 한다(창 20:16).[4] 그의 돈이 범법 행위를 속죄한 것이다. 반면, 잠언에서는 간음에 대하여 말하면서 어떤 보상도 분노한 남편에게 용서가 되지 않는다고 말한다(잠 6:35). 속죄의 배후에 있는 개념은 범법 행위를 정당화하거나 관계를 회복하기 위해 선물을 제공하는 것이다.

　시편 49편 7절은 아무도 돈으로 한 영혼을 속할 수 없다고 말한다. 시편은 계속해서 다음과 같이 말한다. "그러나 하나님은 … 내 영혼을 스올의 권세에서 건져내시리로다"(시 49:15). 마찬가지로 갈라디아서 3장 13절에서도 우리를 구원하실 분이 메시아라고 말한다.

　성경시대에는 대제사장 단 한 사람만 지성소에 들어가서 생존할 수 있었는데, 그조차도 1년에 단 한 번 들어갈 수 있었다. 바로 그날이 욤 키푸르였다. 그 결과 이 절기는 대면하는 날로 알려지게 되었다. 에스겔 20장에서 하나님은 그분의 백성들을 흩어졌던 나라들로부터 모으실 때,

---

4) 우리말 성경에는 "수치를 가리게 하였노니"라고 번역하였다(역자 주).

이스라엘을 통치하시겠다고 말씀하셨다. 그분은 그들을 광야로 데리고 들어가서 '대면하여' 진상을 파악하실 것이다(겔 20:33-35).[5] 나는 선지자가 말한 이 사건이 앞으로 다가올 어느 해의 욤 키푸르에 일어날 것이라고 믿는다.

호세아서에는 한 가지 매우 흥미로운 예언이 나온다. 나는 그것을 읽을 때마다 예수님과 주후 70년의 성전 파괴에 대해 생각하는데, 그 내용은 다음과 같다. "그들이 그 죄를 뉘우치고 내 얼굴을 구하기까지 내가 내 곳으로 돌아가리라 그들이 고난 받을 때에 나를 간절히 구하리라 오라 우리가 여호와께로 돌아가자 여호와께서 우리를 찢으셨으나 도로 낫게 하실 것이요 우리를 치셨으나 싸매어 주실 것임이라"(호 5:15-6:1).

성경은 주님께 하루가 천 년과 같다고 말한다(시 90:4). 그리고 호세아는 계속해서 다음과 같이 말한다. "여호와께서 이틀 후에 우리를 살리시며 셋째 날에 우리를 일으키시리니 우리가 그의 앞에서 살리라"(호 6:2). 이것은 믿을 수 없는 사실이다! 2천 년 전(이틀 전)에 이스라엘이 회복되어 생명을 돌려받았다. 셋째 날은 세 번째 밀레니엄으로, 죽은 자들이 부활하여 하나님 앞에서 살게 될 것이다! 우리는 지금 이 세 번째 밀레니엄 중에 있다! 그리고 어느 때인가 우리는 예수님 앞에서 살게 될 것이다!

이어서 호세아는 우리가 마침내 그분께서 "땅을 적시는 늦은 비와 같이"(호 6:3) 오신다는 사실을 깨닫게 될 것이라고 말한다. 이러한 봄비와 가을비는 봄, 가을 절기들과 관련이 있다! 봄 절기들은 그분의 초림으로

---

[5] 우리말 성경에는 "심판하되"로 되어 있지만, 히브리어 원문은 (누가 옳은지) 서로 판단하자는 의미이다(역자 주).

절정에 이르렀는데, 그분의 두 번째 오심은 가을 절기에 성취될 것이다.

나는 하나님께서 "내가 다윗의 집과 예루살렘 주민에게 은총과 간구하는 심령을 부어 주리니 그들이 그 찌른 바 그를 바라보고 그를 위하여 애통하기를 독자를 위하여 애통하듯 하며 그를 위하여 통곡하기를 장자를 위하여 통곡하듯 하리로다"(슥 12:10)라고 말씀하신 것 또한 욤 키푸르에 대한 것이라고 믿는다. 나는 이날이 이스라엘 민족에 대한 예언을 위해 별도로 준비되었다고 믿는다.

물론 여기에 모든 민족들에게 드리워진 베일이 있음을 알아야 한다. 이사야는 하나님께서 모든 민족의 얼굴을 가린 가리개와 열방 위에 덮인 덮개를 제하실 것이라고 기록했다(사 25:7). 그 베일은 '욤 키푸르'에 벗겨진다!

타이밍을 염두에 두고 그 다음 구절을 보자. "사망을 영원히 멸하실 것이라 주 여호와께서 모든 얼굴에서 눈물을 씻기시며"(사 25:8). 이것은 계시록 21장 4절에 있는 말씀이다! 계시록 21장은 계속해서 다음과 같이 말한다. "보좌에 앉으신 이가 이르시되 보라 내가 만물을 새롭게 하노라 하시고 또 이르시되 이 말은 신실하고 참되니 기록하라 하시고"(계 21:5).

여기서 모든 점들이 연결되는 것이 보이는가? 나팔절은 하늘에서 재판 기일이 시작되어 재판관이 보좌에 앉으시고 책들이 펼쳐지는 날이다. 욤 키푸르가 끝날 때, 책들이 닫히고 판결이 선고된다. 그 다음은 새로운 시작이다! 요한이 먼저 책에 기록하고 있다. 그 다음에 하나님은 보좌에 앉으시고 최종적으로 죽은 자들까지도 심판을 받는데, 이는 고린도전서에서 말한 대로이다. "마지막 나팔에 순식간에 … 나팔 소리가 나매 죽은 자들이 썩지 아니할 것으로 다시 살아나고 … 사망을 삼키고 이기리라고 기록된 말씀이 이루어지리라 사망아 너의 승리가 어디 있느냐 사망아 네가 쏘는 것이 어디 있느냐"(고전 15:51-52, 54-55).

그 다음에 모든 것이 새로워진다. 이것은 정확하게 '욤 키푸르'에 일어나는 일이다. 바로 이때가 하나님의 백성, 곧 이스라엘 민족의 수치가 온 천하에서 제거되는 순간이다(사 25:8). 그러나 지금까지는 열방이 메시아를 보지 못하고 있다. 심지어 우리 기독교인들도 "지금은 거울로 보는 것 같이 희미하나" 그때에는 얼굴과 얼굴을 대하여 볼 것이다(고전 13:12). 어느 해인가 욤 키푸르에, 또는 '대면하는 날'에 역사적으로 미리 정해진 약속된 신성한 날이 있음을 충분히 이해하게 될 것이다.

나는 이 절기를 사도행전에 소개된 개념으로 마무리하고 싶다. 베드로는 형제들에게 그들이 무지하지 않기를 원한다고 말했다. 그는 하나님께서 선지자들의 입을 통해 미리 말씀하신 모든 것이 메시아께서 어떻게 고난을 받으실지에 관한 것이며 예수님이 그것을 이루셨다고 설명했다.

사도행전 기록 당시 주님이 이미 오셨고, 부활하셨으며, 하늘로 승천하셨음을 기억하라. 그래서 베드로는 예수님께서 다시 오시기 전에 있어야 할 일들에 대해 말하는 것이다. 베드로는 그들이 회개한다면, 새롭게 되는 시간들이 하나님께로부터 올 것이라고 말한다. 그 후에 그분이 예수님을 보내실 것인데, "하나님이 영원 전부터 거룩한 선지자들의 입을 통하여 말씀하신 바 만물을 회복하실 때까지는 하늘이 마땅히 그를 받아 두리라"(행 3:18-21)는 것이다.

이것이 무엇을 말하고 있는지 깨달았는가? 이것은 선지자들이 말한

대로 모든 것이 새로워지기 전에는 예수님께서 오시지 않는다는 말씀으로, 그것이 태초에 정해진 것이지 사도행전 이후부터가 아님을 의미한다. 회복되어야 할 그 한 가지 사항은 바로 하나님의 달력이다!

어떻게 지킬 것인가?

욤 키푸르에 관한 가르침들을 요약하자면, 이것이 이스라엘 민족이 속죄하는 날이라는 것이다. 다음 장에서는 장막절이 모든 민족들의 절기임을 배우게 될 것이다. 하나님의 전체 계획은 에덴동산에서 타락한 인류와 화해하는 것이다. 그분은 아브라함 한 사람을 택하셔서 그를 통해 전에 존재하지 않았던 방식으로 한 민족을 이루게 하셨다. 이 민족은 속죄일에 자신들을 속한 다음 세상의 모든 민족들을 위해 중보하고 속죄하게 만드는 제사장 나라가 되었다.

닷새 후 장막절 기간에 그들은 70마리의 소를 잡는데, 한 마리가 한 민족을 대신한다. 이것은 하나님의 구원 계획이 성취될 때까지 매년 시행될 예행연습이다. 역사적으로 원수는 이 행사를 막기 위해 모든 영향력을 행사해 왔다.

다행스럽게도 우리는 하나님의 계획이 결코 방해받지 않으며 그분이 정한 때에 그분의 뜻대로 성취된다는 사실을 알고 있다. 그러므로 그 다음 질문은 다음과 같다. "어떻게 기독교인들이 욤 키푸르를 지켜야 할까?" 먼저 누구든 언제나 우리 웹사이트에 와서 그 방법을 실시간 동영상으로 볼 수 있음을 기억하라. 그리고 당신이 할 수 있는 것을 가족이나 친구들과 함께하면 된다.

욤 키푸르는 성경에서 정한 금식일이다. 따라서 이날 모든 사람이 금식한다. 우리의 예식은 전날 밤에 있는데, 그날 저녁에 모든 사람이 흰 옷을 입고 오는 것이 전통이다. 흰색이 의로움을 나타내기 때문이다. 예식 중에 우리는 하나님의 거룩하심과 그분의 13가지 성품에 초점을 맞춘다. 우리는 함께 예배하고 욤 키푸르가 무엇을 위한 것인가에 관하여 가르친다. 그리고 이스라엘 민족을 위해 기도하며 그들이 토라로 돌아오고, 하나님께서 그들에게 맡기신 역할을 완수하기를 기원한다. 그 다음 우리는 경건하게 떠난다.

이미 이야기한 대로 나팔절에는 많은 일들이 있을 것이나 같은 해에 모두 일어나는 것은 아니다. 나는 한 해에 세 절기에 관련된 것들이 부분적으로 성취될 것이라고 믿는다. 순서대로 간다면, 미리 예정된 달력에서 그 다음에 완성될 절기는 나팔절이다. 야곱의 환난 7년 가운데 마지막 주간이 시작되었다는 경고로서 말이다. 그 다음에 어느 해인가 이스라엘의 속죄일이 이루어질 것인데, 거기서 그들은 하나님을 대면하여 볼 것이다. 마지막으로 그 다음 절기인 장막절의 성취가 있게 될 것인데, 그때 메시아께서 천 년 동안 사람들 사이에 장막을 치실 것이다!

장막절

하나님은 왜 이스라엘에게 매년 영원한 규례로서 온 세대가 장막, 또는 임시처소에 거해야 한다고 하셨을까? 이 세상과 우리의 육신 또한 일시적인 처소에 있음을 상기시키기 위함이다. 이것이 바로 이사야 51장 6절과 히브리서에서 하늘은 연기처럼 사라질 것이며 땅은 옷과 같이 좀 먹고 마찬가지로 모든 육체도 죽을 것이라고 말하는 이유이다(히 1:10-12).

God's Day Timer

장막절은 내가 가장 좋아하는 절기인데, 여기에는 상상을 뛰어넘을 만큼 다양한 차원의 것들이 담겨 있다. 나는 당신이 이 안에 감추어진 보화들을 모두 발견하기를 바란다.

세상의 기초가 놓일 때부터 하나님의 시간표에 적혀 있는 이 신성한 약속의 날짜는 한 주간 내내 이어지는 축제이다! 잔치는 7월 곧 티슈리월 15일에 시작된다. 하나님께서는 모세에게 7일간의 잔치와 축제를 영원한 규례로 삼고 매년 개최하라고 말씀하셨다(레 23:41-43). 하나님은 사실상 그 시간 전체를 즐기라고 명령하셨다. 본문에서 세 번이나 그들에게 축제 기간에 장막이나 임시 초막에 거주하라고 말씀하시는데, 주된 이유는 하나님께서 이스라엘 백성들을 애굽의 종살이에서 끌어내신 후 그들로 하여금 광야의 초막에서 살게 하셨기 때문이다.

이것이 바로 장막절이 초막절로 알려진 이유이다. 장막과 초막은 둘 다 똑같은 개념이다. 히브리어로 초막은 '수콧'인데, 이것은 이 절기의 전통적인 이름이기도 하다. 이 절기에 대한 다른 이름으로 수장절, 기쁨의 계절(the Season of Our Joy), 그리고 만민절(the Feast of Nations) 등이 있다.

당신은 하나님께서 어제나 오늘이나 영원토록 동일하신 분(히 13:8)이심을 믿는가? 그렇다면 그것이 당신에게 실제로 의미하는 것은 무엇인가? 야고보는 하나님께는 회전하는 그림자도 없으시다고 썼다(약 1:17). 그런데 많은 기독교인들이 (특히 성경의 절기들을 지켜야 할 때) 하나님께서 그분의 마음을 수시로 바꾸신다고 생각한다. 이것과 관련해서 잠시 스가랴서 한 단락을 살펴보자.

스가랴 14장에서 선지자는 하나님의 날이 올 것이며, 그날 모든 민족이 예루살렘을 치러 모일 것이라고 말한다. 메시아께서 돌아오실 것이며, 그분의 발이 감람 산 위에 서 있고 그 산은 둘로 갈라질 것인데, 그분께서 그 민족들과 전쟁을 벌이신다는 것이다. 이 최후의 전쟁 후에 그분은 온 땅의 주와 왕이 되실 것이다(슥 14:1-9). 당신은 본문에 묘사된 모습들이 모두 가을 절기들에 관한 것임을 아는가? 심판이 올 것이며, 왕께서 그분의 보좌에 앉으시고, 민족들은 복종해야 할 것이며, 결과들이 따를 것이다.

스가랴는 계속해서 예루살렘이 심지어 애굽의 재앙들이 창궐할 때에도 안전한 장소가 될 것임을 말한다. 민족들의 부요, 곧 막대한 금, 은, 의복 등이 출애굽 이야기에서와 똑같이 이스라엘을 위해 모이게 될 것이다(슥 14:10-15).

이제 그 큰 계시가 실현되고 있다! 그 다음 천 년 동안 매년 이스라엘을 치러 왔던 민족들 가운데 남은 자들이 모두 올라와서 만군의 주 왕께 경배하고 장막절을 지킨다는 것이다(슥 14:16-19). 사실상 그것은 강조를 위해 세 번이나 언급된다. 모든 민족들이 장막절을 지켜야 하며, 그렇지 않으면 그들이 재앙을 당하거나 그들에게 비가 내리지 않는다고 한다. 선택은 그들의 몫이다.

장막절은 이스라엘 백성들이 예루살렘으로 와서 하나님과 함께 거주해야 하는 세 가지 순례 절기들 가운데 하나이다(출 23:14-17, 신 16:16). 세상의 기초를 놓을 때부터 하나님의 궁극적인 계획은 그분의 백성들과 늘 함께 거하시는 것 또는 장막을 치시는 것이었다. 그분은 에덴동산에서 아담과 하와라는 젊은 부부와 함께 지내셨으나 그들의 불순종으로 갑자기 관계가 끊어졌다. 그로부터 약 2,500년 후에 그것을 다시 시도하셨는데, 이번에는 한 민족과 함께였다. 출애굽기에서 하나님은 모세에게 성소를 만들라고 하시면서 그분이 그들 안에 거하실 것이라고 말씀하셨다(출 25:8-9). 따라서 이스라엘은 장막절에 성막을 짓기 시작했다(출 35:20-22).

모세가 하나님께서 보여 주신 양식에 따라 성막을 지어야 했다는 사실이 중요하다. 또한 천상에도 장막이 있어서 지상에서 벌어지는 행사들은 하늘에서도 시행되고 있다. 그런데 안타깝게도 불순종 때문에 영광이 이스라엘을 떠났다. 그나마 반가운 소식은 하나님이 예루살렘에서 인간들 가운데 또다시 장막을 치실 것이라는 사실이다(겔 43:1, 계 21:3).

하나님은 왜 이스라엘에게 매년 영원한 규례로서 온 세대가 장막, 또는 임시처소에 거해야 한다고 하셨을까? 이 세상과 우리의 육신 또한 일시적인 처소에 있음을 상기시키기 위함이다. 이것이 바로 이사야 51장 6

절과 히브리서에서 하늘은 연기처럼 사라질 것이며 땅은 옷과 같이 좀먹고 마찬가지로 모든 육체도 죽을 것이라고 말하는 이유이다(히 1:10-12).

그런데 사도 바울은 고린도후서 5장 1절에서 지상에 있는 이 장막이 무너지면, 우리를 위해 하늘에 있는 것, 곧 하나님께서 지으신 것을 기다린다고 기록하였다. 그리스어로 장막은 '스케노스'(σκηνος)이다. 이것은 마치 캠핑이 끝난 후에 텐트를 걷어 버리듯이, 죽을 때에 벗어 버리는 인간의 몸을 가리킨다. 그래서 장막이라는 단어는 우리의 몸을 장막절의 개념에 연결시켜 준다.

베드로는 그가 자신의 '장막'에 있는 한 모든 사람에게 진리를 생각나게 하기를 원한다고 하였다. 왜냐하면 예수님이 그가 곧 그의 장막을 '벗을 것'이라고, 곧 죽을 것이라고 미리 보여 주셨기 때문이다(벧후 1:12-16). 베드로의 말이 흥미로운 것은 그가 계속해서 주 예수 그리스도의 능력과 오심을 알게 되었을 때 교묘하게 만든 이야기를 따르지 않고 그분의 위엄을 직접 목격했다고 말하기 때문이다. 그렇다면 베드로와 그의 동료들은 언제 메시아의 능력과 오심에 대한 증인들이 되었을까? 마가복음에서 예수님은 제자들에게 그들 중 몇 사람은 하나님의 나라가 권능으로 임할 때까지 죽지 않을 것이라고 말씀하셨다(막 9:1-7). 엿새 후에 예수님은 베드로와 야고보와 요한을 높은 산으로 데리고 가신 후 그들 앞에서 변모하셨다. 베드로는 그분이 권세로 오실 때에 모세와 엘리야가 예수님 옆에 있는 것을 보았다. 그런데 그 순간 베드로가 맨 먼저 요청한 것이 세 개의 초막을 세우겠다는 것이었음을 주목하라. 베드로가 왜 그런 말을 했는지 생각해 본 적이 있는가? 이 사건이 바로 장막절 기간 중에 일어났기 때문이다!¹⁾

7일간의 절기

7일간 즐거워하라는 요구는 레위기에 나오는데, 거기서 장막절에 대한 상세한 것들을 몇 가지 보여 준다. 앞서 언급했듯이 이 절기는 티슈리 월 15일에 시작된다. 이때는 바로 이스라엘 사람들이 그 땅의 열매를 수확하는 시기이다. 이 기간 중 첫째 날과 8일째는 안식일로 지켰다(레 23:39-40).

역대하에는 솔로몬의 성전 봉헌 이야기가 소개되어 있는데, 그것은 바로 7월의 절기들 중에 있었다(대하 5:1-14). 모든 사람들이 거기에 있어야 했기 때문에 이것은 개회식을 위한 완벽한 타이밍이었다. 또 그들도 거기에 있고 싶어 했다. 당신은 한 주간 내내 수십만 명의 사람들이 함께 즐기는 축제를 상상할 수 있는가? 성경에 120명의 제사장들이 나팔 소리와 함께 레위인들에게 합류하기 위해 성소로부터 나왔다고 기록되어 있다. 그들은 모두 흰 세마포를 입었고, 타악기와 현악기와 수금으로 여호와께 찬송하였다. 그리고 그때 영광이 임했다!

그 후로는 몇 장에 걸쳐 솔로몬의 봉헌 기도가 자세하게 서술되었다.

---

1) Fr. Cassium Folsom, "The Transfiguration and the Feast of Tabernacles(Sukkoth)", Monastero di San Benedetto, March 20, 2011, http://osbnorica.org/en/2011/03/20/the-transfiguration-and-the-feast-of-tabernacles-sukkoth

그런데 그때 하늘에서 불이 떨어졌다. 이에 백성들은 장엄한 회중이 되어 8일간 장막절의 모든 예식들을 지켰다(대하 7:1-9).

요세푸스에 따르면, 예수님 시대에 200만 명이 넘는 백성들이 예루살렘에 있었다고 한다.[2] 순례자들이 절기를 지키기 위해 성전으로 왔던 것이다! 이 시기에 관한 탈무드의 내용을 보자.

> 물 붓는 예식을 거행하는 날들 중에 우리는 거의 잠을 잘 수 없었다. 그날의 첫 시간에 우리는 매일 드리는 제사에 참석했다. 이어서 기도를 드리고 식사를 하면 이미 오후 제사에 참석할 시간이 되었다. 그러고 나서 물 붓는 절기 예식이 뒤따랐는데, 그것이 밤새 지속되었지만 우리는 또다시 (이 과정을) 시작하였다.[3]

또 다른 문서는 사람들이 노래할 때, 횃불을 돌리는 남자들이 그들 앞에서 춤을 추곤 했다고 기록한다. 은으로 된 나팔을 부는 두 명의 제사장이 뜰의 큰 문 입구 양쪽에 서 있는 동안 15번째 계단에 노래하는 사람들이 서서 다양한 악기들을 연주했다고 한다.[4] 중요한 세부 사항들이 많지만, 장막절과 관련한 역사적 사실을 한 가지 더 제시하겠다.

탈무드는 '여인의 뜰'에 있는 거대한 네 개의 촛대를 언급하는데, 그 꼭대기에는 각각 금으로 된 네 개의 대접이 놓여 있었다. 높이는 약 75피트였고, 심지는 제사장들의 낡은 겉옷을 길게 잘라서 만들었다. 네 명의

---

2) Josephus, The War of the Jews, 6.9.425.

3) Jerusalem Talmud, Sukkah 5.

4) Mishnah tractate Sukkah 5.

젊은 제사장들이 거대한 기름 단지를 들고 그 꼭대기로 올라가서 대접에 기름을 채웠다. 일단 불이 켜지면, 예루살렘에서 성전 마당의 축제 불빛이 비추지 않는 마당은 하나도 없었다고 한다.[5] 당시 남자, 여자, 아이들 모두 물을 붓는 큰 즐거움에 참여했다. 또한 '여인의 뜰'에 특별한 전망대를 만들어 산헤드린의 남자들이 춤을 출 때 여인들이 볼 수 있도록 했다.

이 절기에 예루살렘이 세상의 빛으로 알려졌었다는 사실을 기억하라. 그리고 예수님이 서서 자신이 세상의 빛이라고 외치신 때가 바로 이 기간 중이었다(요 8:12). 이 절기에는 순례자들이 너무 많아서 24반열의 제사장들 모두가 한 주간 내내 시무했다.

다윗이 죽기 전에 완수한 마지막 일들 가운데 하나는 레위 출신 제사장들을 24반열로 나눈 것이었다(대상 23:27-32). 각 반열이 1년에 두 차례 한 주간씩 시무했으므로(대상 24:1-18) 총 48주간 외에 남은 세 주간, 즉 유월절, 오순절, 그리고 장막절의 순례 절기들에는 모든 제사장들이 시무했다. 이 절기에 순례자들이 매우 많았기 때문이다.

그런데 하나님께서 오직 남자들에게만 이 절기에 와야 한다고 하시고 여자들과 아이들에게는 특별히 말씀하지 않으셨다는 사실이 재미있다. 아마도 하나님께서 여자들이 사교적이라서 꼭 오라고 하지 않아도 올 것을 아셨기 때문일 수도 있다. 반면에 남자들은 무엇을 해야 할지에 대해 들어야만 했다. 만약 그들에게 선택권을 주었다면, 아마도 집에 있거나 밭에서 일을 했을 것이다!

---

5) Babylonian Talmud Tractate Sukkah.

장막절 기간에 24반열의 제사장들은 매일의 예식을 수행하기 위해 세 그룹으로 나뉘었다. 한 그룹은 매일 드리는 희생제사를 위해 도살하는 것을 책임졌다. 두 번째 그룹은 매일 같이 물 붓는 예식을 수행했다. 대제사장이 선두에서 그들을 이끌고 수문을 통과하여 생수가 있는 실로암 샘으로 내려갔다. 대제사장은 금으로 된 병으로 그 샘에서 생수를 길었고, 부제사장은 은으로 된 병에 포도주를 채웠다. 수천 명이 지켜보는 가운데 제사장들이 성전으로 올라가는 모습을 상상해 보라.

그들이 수문에 도착하면 '쇼파르'로 길게 떨리는 소리를 내고 이어서 길게 한 번 더 분다. 일단 제단으로 돌아오면, 그들은 물을 붓고 특별한 은 대접에 담긴 포도주를 제단 모퉁이에 붓는다. 포도주는 천천히 그리고 물은 빨리 붓는다. 서쪽에 있는 대접은 물을 위한 것이고, 동쪽에 있는 것은 포도주를 위한 것이다. 그들은 그 땅에 대한 축복 기도와 함께 곡식들이 풍성하도록 비를 기원했다. 그들은 매일 시편에 있는 노래들을 부르면서 제단 둘레를 행진했는데, 이때 그들은 시편 113-118편의 '할렐'을 노래했다.

그들이 장막절 중에 부르는 노래 가사 중에 시편 118편이 있다. "여호와는 나의 능력과 찬송이시요 또 나의 구원이 되셨도다 의인들의 장막에는 기쁜 소리, 구원의 소리가 있음이여 여호와의 오른손이 권능을 베푸시며"(시 118:14-15). 이스라엘이 홍해 바다에서 구원받았을 때, 모세와 미리암과 모든 이스라엘 자손들이 여호와께 찬송했던 것과 똑같은 내용이다(출 15:1-2). 출애굽기의 단락은 계속해서 "그는 나의 하나님이시니 내가 그를 위하여 처소를 예비할 것이요"[6]라고 한다. 이것이 바로 이날 전 세계와 특히 이스라엘에서 종교적인 유대인들이 초막, 또는 '수카'를 짓고 거기서 한 주간 내내 즐거운 시간을 보내는 이유이다.

그 절기의 마지막 날, 이스라엘은 제단 주위를 일곱 번 돌면서 물과 포도주를 붓는 여리고 행진을 한다. 이때 그들은 또다시 '할렐'을 부른다.

이제 유대적 신앙의 뿌리와 관계된 놀라운 사건이 등장한다. 당시 예수님을 믿지 않던 형제들이 주님께 자신을 드러내라고 말한 것이 바로 이 절기 중에 있었던 일이다(요 7:1-8). 그런데 그때 예수님은 믿기 힘든 일을 하셨다. 명절 끝날 곧 큰 날에 예수님은 서서 이렇게 외치셨다. "누구든지 목마르거든 내게로 와서 마셔라 나를 믿는 자는 성경에 이름과 같이 그 배에서 생수의 강이 흘러나오리라"(요 8:37-38).

여기서 예수님이 말씀하신 성경 본문은 무엇이었을까? 유대 전승에 따르면, 이 절기에 사람들이 이사야서 12장도 노래했는데, 거기에서도 "주 여호와는 나의 힘이시며 나의 노래시며 나의 구원이심이라"(사 12:2)는 구절이 반복된다. 나는 예수님께서 모든 사람에게 외치신 때가 바로 사람들이 이사야서 12장을 노래하는 중간이었다고 생각한다. 왜냐하면 바로 그 다음 구절이 "그러므로 너희가 기쁨으로 구원의 우물들에서 물을 길으리로다"(사 12:3)이기 때문이다.

---

[6] 우리말 성경과 대부분의 현대 영역본에서는 "내가 그를 찬송할 것이요"라고 번역했지만, 저자가 인용하는 KJV에서는 "I will prepare him an habitation"으로 번역했다. 그 이유는 히브리어 원문이 אנוהו(안베후)로서, נוה(나바) 동사가 기본형인데, 이 기본형의 어원은 '아름답게 하다, 영광을 돌리다'와 '거주하다'의 두 가지 의미를 갖고 있기 때문이다(역자 주).

이 구절에서 구원에 해당하는 히브리어는 '예슈아'인데, 메시아의 이름도 '예슈아'이다!7) 그러므로 그들이 "너희가 기쁨으로 구원의 우물들에서 물을 길으리로다"라고 노래하는 순간에 그분께서 "너희는 나에 대해서 노래하고 있구나! 성경에 기록된 대로 내가 생명수 샘물이니 와서 마셔라!" 하고 외치셨던 것이다. 한 가지 궁금한 것은 예수님이 그들 가운데서 외치신 후에 사람들이 어떻게 이사야서 12장을 끝냈는가에 관한 것이다.

사람들이 이 마지막 말을 외치는 장면을 상상해 보라. "시온의 주민아 소리 높여 부르라 이스라엘의 거룩하신 이가 너희 중에서 크심이니라"(사 12:6). 바로 그 자리에 주님이 그들 가운데 서서 외치실 때, 그들은 자신들 가운데 계신 거룩하신 이에게 외치라고 노래하고 있었던 것이다! 이것은 참으로 믿기 어려운 사실이다!

장막절 기간 중 세 번째 제사장 그룹은 '모짜' 계곡으로 이어지는 미문 밖으로 나가서 20피트 길이로 버드나무 가지들을 베었다. 제사장들의 행렬은 버드나무 가지들을 흔들며 미문까지 줄을 지어 행진했다. 사람들도 버드나무 가지들을 잘라서 제단 주변에 세워 놓았는데 가지 윗부분이 약 2피트 정도 제단 위로 휘어져 있었다. 당시 아마도 수천 개의 버드나무 가지들이 바람에 흔들리면서 서걱거리는 소리를 냈을 것이다. 히브리어로 바람은 '루악'인데, 그것은 또한 '영'으로도 번역된다.

---

7) 히브리어로 '구원'을 의미하는 '예슈아'(הישועה)와 예수님에 해당하는 '예슈아'(ישוע)는 철자가 다르다. '구원'을 의미하는 '예슈아'는 끝에 철자 ה(헤이)가 있지만, 묵음이라 예수님을 의미할 때의 '예슈아'와 발음이 같다(역자 주).

성전을 향해 남쪽에서는 군중과 제사장들이 '생수'와 '피'를 가지고 수문 쪽으로 오고, 동쪽에서는 미문을 향해 또 다른 군중들이 '영적인 바람'을 일으키는 버드나무 가지들을 흔들면서 노래하며 행진한다. 그들이 각각 성문에 도착하면, 걸음을 멈추고 제사장들이 부는 피리 소리를 기다린다. 유대 역사에 따르면 한 사람이 항상 '수콧' 주간 또는 장막절 중에 피리를 불었다고 한다.[8] 피리에 구멍이 나 있어서 그를 '구멍 난 사람'이라고 불렀는데, 그는 성령과 생수를 성전으로 들여보내 달라고 요청했다.

예수님이 외치신 후에 많은 사람들이 모세가 오리라고 예언했던 그 선지자임에 틀림없다고 믿었고, 다른 사람들은 그분이 그리스도라고 믿었다 (요 7:40-41). 그러나 바리새인들은 그들 모두가 속고 있다고 하면서 "율법을 알지 못하는 이 무리는 저주를 받은 자로다"라며 악한 말을 했다(요 7:49). 사실 율법을 알지 못한 것은 바로 바리새인들이었다. 그러면 누가 저주를 받을 자였겠는가? 이 바리새인들은 오늘날 정부 지도자들처럼 온갖 종류의 법규를 타인에게 적용하지만, 그들 자신은 헌법을 알지 못하거나 따르지 않았다! 이러한 모습은 2천 년이 지나도 크게 바뀌지 않은 듯하다.

당신은 아마도 "볼지어다 내가 문 밖에 서서 두드리노니 누구든지 내 음성을 듣고 문을 열면 내가 그에게로 들어가 그와 더불어 먹고 그는 나와 더불어 먹으리라"(계 3:20)는 주님의 말씀에 익숙할 것이다. 그런데 이

---

8) Mishnah tractate Sukkah 5:1A-C.

구절이 개인이 아니라 교회에게 쓰인 것임을 기억하라(계 3:14). 주님은 문 밖에 서서 두드리시며 교회에게 문을 열라고 요구하신다. 사람들은 모두 안에서 예배 중이지만, 주님이 거기 계시다는 사실을 인식조차 하지 못한다. 그분이 들여보내 달라고 요청하실 때, 그들은 그분을 알아보지 못한다. 그들의 반응은 다음과 같다. "우리를 내버려 두시오. 우리는 예배 중이란 말이오!"

예레미야 2장에서 하나님은 율법을 다루는 제사장이 그분을 알지 못하는 것을 책망하신다(렘 2:8). 하나님은 계속해서 그 백성들이 두 가지 악행을 범했다고 말씀하시는데, 첫째는 생수의 근원이 되시는 그분을 버린 것과 둘째는 물을 가두지도 못하는 터진 웅덩이들을 판 것이다(렘 2:13).

요한복음 7장에서 예수님은 누구든지 목마르거든 와서 마시라고 하시며 그분을 믿으라고 초대하셨다. 오직 그분만이 생수를 공급하실 수 있다(요 7:37-38). 그런데 슬프게도 그 법을 알만한 종교 지도자들이 예레미야 시대의 제사장들과 똑같이 생수이신 그분을 버렸다. 그것도 그분이 바로 그들 가운데 거하셨던 장막절 마지막 날에 말이다.

토라의 날

장막절의 제8일째는 '심카트 토라', 또는 토라의 기쁨이라고 한다. 그 날은 또한 '쉐미네이 아쩨레트'라고도 하는데, 번역하면 제8일의 회합이다. 장막절 자체는 7일간이었지만, 하나님께서는 제8일을 안식일로 지키라고 하시며 절기 끝날로 더해 주셨다. 이날에는 사람들이 오직 하나님 안에서 쉬며 하나님께서 그들에게 토라를 주셨다는 사실로 인해 기뻐해야 한다.

그런데 흥미로운 것은 요한복음 8장이 제8일, 곧 '심카트 토라' 상황이라는 것이다(요 8:1-2). 예수님은 감람 산에서 밤을 보내신 뒤 성전으로 돌아오셨다. 그때 사람들이 몰려오자 주님은 자리를 잡고 앉으셔서 그들을 가르치셨다. 살아 있는 말씀(토라)이신 예수님이 바로 그날 성전에서 말씀(토라)을 가르치셨다는 사실은 모든 사람이 그분 안에서 즐거워해야 한다는 것을 의미했다.

그런데 그 다음에 무슨 일이 일어났는가? 바리새인들이 찾아왔다. 그들은 토라 안에서 기뻐하는 대신, 이 즐거운 날에 토라를 남용하여 한 사람을 죽이는 저주의 수단으로 삼았다! 그들은 간음하다가 현장에서 잡힌 여인을 예수님께 끌고 왔다. 그리고는 빈정거리듯 "선생"이라고 부르면서 주님이 토라를 위반했다는 구실을 찾으려고 그분을 시험했다. "모세는 율법에 이러한 여자를 돌로 치라 명하였거니와 선생은 어떻게 말하겠나이까?"(요 8:5)

이에 예수님도 아무렇지 않게 그들의 게임에 동참하셨다. 그리고 그들이 만든 '모세의 올무'로 그들을 잡으셨다. 율법을 안다고 하는 사람들에게 예수님은 늘 그렇게 하셨다!

율법은 거짓 증인이 일어나 어떤 사람에 대해 거짓 증언을 하면 둘 다 하나님 앞에 설 것을 말하고 있는데, 그 당시에는 하나님 대신 제사장과 재판관들 앞에 섰다. 재판관들은 현대의 법정에서와 마찬가지로 모든 사실들을 알기 위해 열심히 심리해야 했다. 만약 거짓 증인의 위증이 밝혀지면, 피고에게 선고될 징벌이 그 거짓 증인에게 내려져야 했다(신 19:16-19).

간음에 관하여 율법은 간음한 여인과 남자 둘 다 죽이라고 말한다(레 20:10). 이것과 관련하여 한 가지 의문이 드는 것은 그 여자가 현장에서 잡혔다면, 함께 있던 남자는 어디에 있는가 하는 것이다. 그녀는 단지 군중에게 넘겨진 것이었을까? 그녀와 함께 있던 남자는 어디에 있었을까? 아니면 그녀는 일방적으로 당했던 것일까? 예수님께서는 그들을 무시하듯 구부리고 앉아 땅에 무언가를 쓰고 계셨다.

성문과 구전에서 비롯된 유대교 율법의 총체인 '할라카'는 유대인들의 규범집이다(구전 토라가 영감을 받은 것이든 받지 않은 것이든 간에, 그것은 그 당시에 일어난 일들을 알고 싶은 사람들에게는 엄청난 역사적 가치가 있다. 그것은 무려 2천 년 된 문서다). 성문 토라[9]에 따르면, 어떤 여인이 간음한 것으로 의심이 될 경우 남편이 그녀를 제사장에게 데려가게 되어 있다. 특별히 그러한 규범집의 시작에 해당하는 민수기에서는 남편에게 의심이 생기면 아내를 제사장에게 데려가고 제사장은 그녀를 여호와 앞으로 데려가도록 한다. 그 다음에 제사장은 거룩한 물을 토기에 붓고 성막 바닥의 티끌을 물에 넣는다(민 5:12-17). 이것이 모세 시대의 기록이다.

'할라카'[10]의 '쏘타'(음행으로 의심받는 여인이라는 뜻) 항목에 따르면, 그녀의 혐의가 사실인지 확인해하기 위해 쓴물 시험을 통과 해야 한다. 탈무

---

9) 구약 성경에 기록된 율법 조항들을 의미한다(역자 주).

10) 대개 유대교 문서인 '미쉬나' 또는 '탈무드'를 가리킨다(역자 주).

드에는 이러한 의심의 시련을 다루는 내용이 하나의 항목을 이루고 있는데, 그것을 '쏘타' 항목[11]이라고 한다.

그로부터 1,500년 후 예수님은 헤롯 성전에 서 계셨다. 헤롯 성전에는 성소 입구 오른쪽에 가로 세로 1규빗 크기의 구멍이 있었는데, 그것은 위에 고리가 달린 대리석 타일로 덮여 있었다. 제사장은 그 타일을 들어 올리고 언제든지 성막 바닥의 티끌을 취할 수 있었다. 나는 예수님이 군중들 앞에서 바로 이것을 하신 것이라고 믿는다.

다시 민수기와 '쏘타'로 돌아가서, 일단 혐의를 받은 여인이 여호와 앞에 서게 되면, 제사장은 그녀가 결백한지에 대해 고백하도록 저주의 맹세를 시킨다. 그 다음에 제사장은 저주의 글을 종이에 쓴 뒤 성막의 거룩한 티끌이 든 쓴물로 그것을 지운다. 그리고 여인에게 저주의 글이 들어 있는 쓴물을 마시게 한다. 만약 그 여인이 결백하다면, 그녀는 풀려나서 임신을 하게 될 것이다. 그러나 그녀가 부정하다면, 그녀의 배가 부풀고 넓적다리가 썩을 것이다(민 5:19-29). 그럴 경우, 그녀뿐만 아니라 간음한 상대 남자도 죽게 된다(레 20:10, 신 22:22). 믿기 어렵겠지만, 유대교 문헌에 따르면 제2성전 시대에 간통이 너무 만연해서 제사장들이 쓴물 예식을 중단했다고 한다.[12]

---

[11] 영어로는 'tractate', 즉 일종의 '소논문'이라고 한다. 특정한 주제를 집중적으로 다루기 때문이다(역자 주).

[12] Jacob Neusner, The Babylonian Talmud: A Translation and Commentary, Mishnah tractate Sotah 9:7-10 (n.p.: Hendrickson, 2005), 309.

땅에 무언가를 쓰시던 예수님이 일어나서 말씀하셨다. "너희 중에 죄 없는 자가 먼저 돌로 치라"(요 8:7). 그리고 그분은 또다시 땅에 글씨를 쓰셨다. 그러는 사이 그녀를 고소하러 왔던 사람들 모두가 부끄러워 돌아가 버렸다. 무엇이 그들을 부끄럽게 했을까? 그들 중에 어떤 사람들은 과거에 간음을 하지 않았을까? 우리는 바로 전날, 그들이 생명수의 근원이신 예수님을 배척했다는 사실을 알고 있다.

여기서 잠시 '생수의 근원'을 버린 사람들에 대해 예레미야가 한 말을 보자. "이스라엘의 소망이신 여호와여 무릇 주를 버리는 자는 다 수치를 당할 것이라 무릇 여호와를 떠나는 자는 흙에 기록이 되오리니 이는 생수의 근원이신 여호와를 버림이니이다"(렘 17:13). 예레미야 시대에 이스라엘은 여호와를 버림으로써 영적인 간음을 저질렀고, 그 결과 그들의 이름이 흙에 기록되었다. 사람들이 '생명수'이신 예수님을 버린 후 영적인 간음을 저질렀기 때문에, 주님은 그 여인을 고소한 사람들의 이름을 땅에 쓰신 것이 아닐까? 그렇다면 그들은 주님이 일어나셨을 때 자기들의 이름을 보았을 것이다. 그러므로 그들 모두가 떠난 것이 이상할 것 없다! 주님은 그들에게 쓴 맛을 보게 하셨다!

이 모든 일은 장막절 기간 중에 일어났다. 초막에 거하라는 명령 때문에, 예수님 시대에는 수천 개의 '수카'들이 이스라엘 전역에 있었을 뿐만 아니라 예루살렘을 두르고 있었다. 이스라엘은 장막절에 처음 성막을 짓기 시작했다.

예수님의 탄생

요한복음 1장 14절은 "말씀이 육신이 되어 우리 가운데 거하시매"라고 한다. 여기에 등장하는 "거하시매"에 해당하는 그리스어 '스케노스'(σκηνος)는 우리가 이미 살펴본 대로 '장막'이라고 번역할 수 있다. 그래서 이 구절은 "예수님이 우리 가운데 장막을 치셨다"라는 의미로 읽을 수 있다. 예수님이 그 절기 첫날에 출생하심으로써 장막절을 이루어 가시는 모습을 그분의 탄생을 통해 살펴보자.

누가복음 1장에는 유대 왕 헤롯 때에 '아비야 반열'에 있었던 사가랴라는 제사장이 그 반열대로 하나님 앞에서 제사장의 직무를 수행했다고 기록되어 있다(눅 1:5, 8). 역대상의 기록에 따르면, 다윗이 제사장들의 반열을 나눌 때 아비야는 여덟 번째였다(대상 24:10). 제사장들은 그 "차례대로" 여호와의 집에서 직무를 수행했다(대상 24:19).

종교력으로 신년은 니산 월 1일에 시작되는데, 대략 우리가 사용하는 달력의 4월 1일이다. 각 반열은 1년에 두 번 직무를 수행하게 되며 세 번의 순례 절기(유월절, 오순절 그리고 장막절) 동안에는 모든 제사장들이 봉사한다. 그렇다면 아주 단순하게 4월 1일에 맞춰서 니산 월 1일부터 달력을 만들어 보자. 또한 더 쉽게 볼 수 있도록 니산 월(4월) 1일을 그 주간의 첫날인 주일에 맞추자.

　첫 번째 주간에 첫 번째 반열이 직무를 수행하고, 두 번째 주간에 두 번째 반열이 직무를 수행한다. 그러나 세 번째 주간에는 무교절이기 때문에 모든 반열의 제사장들이 직무를 수행한다. 그러므로 두 번째 주간에 직무를 수행한 제사장들은 그 다음 주간도 일해야 한다. 세 번째 반열의 제사장들도 연속으로 두 주간을 담당하는데, 첫 번은 무교절 근무이고 그 다음은 자신들의 차례이기 때문이다. 이제 다음 달로 넘어가 보자.

5월

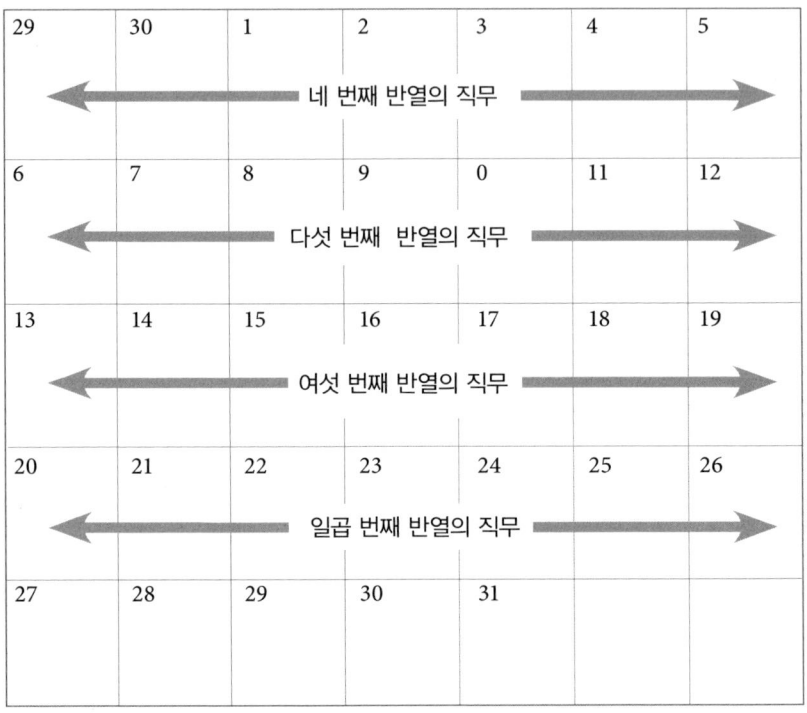

6월

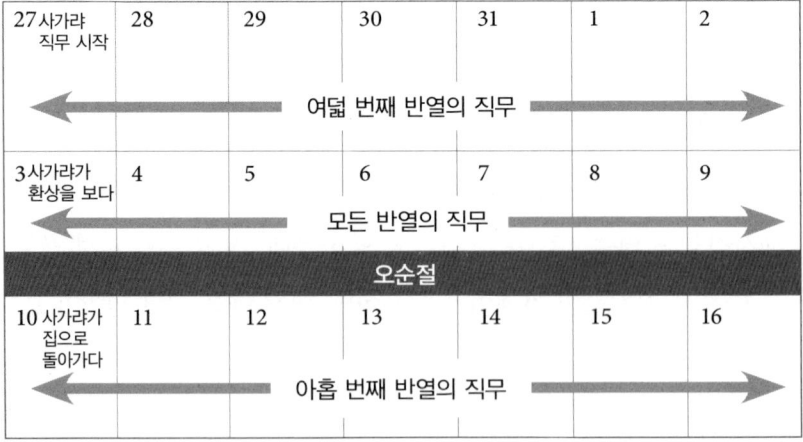

17	18	19	20	21	22	23
←			열 번째 반열의 직무			→
24	25	26	27	28	29	30

달력을 통해 볼 수 있는 것처럼, 네 번째, 다섯 번째, 여섯 번째, 일곱 번째 반열은 5월에 직무를 수행하게 되며, 여덟 번째 반열의 직무는 5월 말에서 6월로 넘어간다. 그리고 여덟 번째인 아비야 반열은 두 주간 연속으로 오순절 주간까지 직무를 수행하게 된다!

누가복음에서 사가랴는 제사장 직무의 관례대로 차례에 따라 여호와 앞에서 제사장의 직무를 수행할 때, 제비에 뽑혀서 여호와의 전에 들어가 향을 피웠다(눅 1:8-11). 당시에는 제사장들이 너무 많아서 제비 뽑는 방식으로 매일 예식마다 다른 부분들을 담당하도록 했는데, 향 피우는 일은 일생에 단 한 번 할 수 있었다! 사가랴는 나이가 많았고 제사장 임기 동안 항상 기도를 해 왔으므로 제비에 뽑힐 수 있었다! 그는 마침내 전 유대인들이 성전에 있어야 했던 오순절의 역사적인 순간에 향 피우는 일을 담당했다. 천사가 사가랴에게 나타나서 그의 나이 많은 아내가 임신할 것을 말하던 순간 백성들은 밖에서 기도하고 있었다. 이것은 달력상의 타이밍을 확증한다.

사가랴는 그 소식을 믿지 않아서 말을 못하게 되었는데, 천사는 그에게 그의 아내가 해산하게 될 때까지 말을 할 수 없을 것이라고 하였다

(눅 1:20-22). 그가 성소에서 나왔을 때, 말 그대로 실어증 상태였기 때문에 그는 예식을 마무리하는 제사장의 축복을 감당할 수 없었다. 그랬음에도 불구하고, 그는 여전히 성전에 머물러야 했고 집으로 돌아가기 전까지 그 주간 내내 다른 일을 했다.

본문은 계속해서 그의 직무가 끝나자마자, 그가 집으로 떠났다(부리나케 갔다는 의미일 것이다)고 말한다(눅 1:23-24). 이후 그의 아내 엘리사벳이 임신하고 다섯 달 동안 숨어 있었다. 만약 그녀가 6월 중순에서 말일 사이에 임신했다면, 다섯 달 후는 11월 중순에서 말일 사이가 된다. 그리고 임신 6개월이 되었을 때, 천사 가브리엘이 마리아에게 나타났다(눅 1:26-27). 이 때는 12월 중순에서 말일 사이이다. 이것이 어떤 상황인지 상상해 보라.

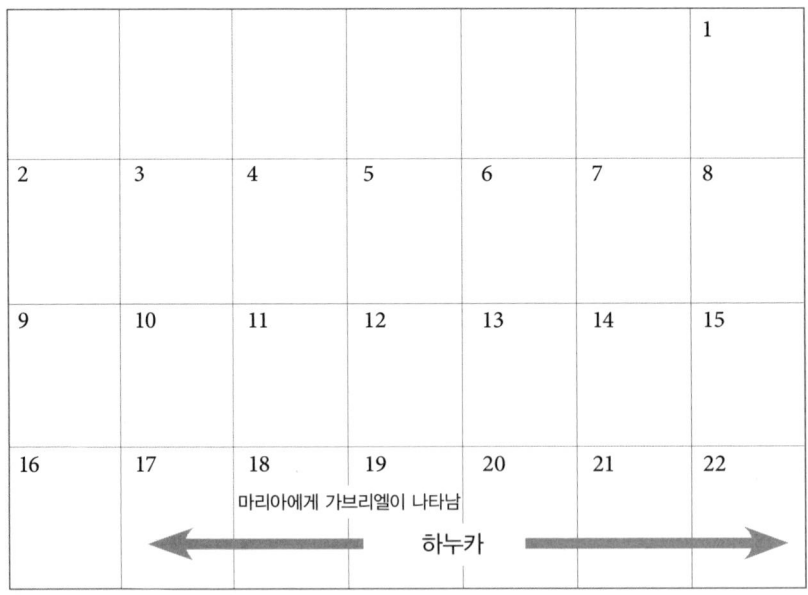

23	24	25	26	27	28	29
→						

이때는 빛의 절기인 '하누카'[13] 기간으로, 천사를 통해 세상의 '그' 빛이 선포되었다! '하누카'로 기념되는 유대인의 반란과 기적이 없었다면, 성전과 희생제사와 제사장 직분도 없이 오직 이교의 신전과 제사와 사제들만 있었을 것이라는 사실을 아는가? 이렇게 세상의 빛이신 메시아는 빛의 절기에 잉태되셨다!

천사는 계속해서 마리아에게 엘리사벳이 임신 6개월째라고 말했다. 이 말을 들은 마리아는 친척 집으로 달려가 석 달쯤 머물렀다(눅 1:56). 왜 그랬을까? 보통 임신 기간은 9개월인데, 마리아가 임신 6개월째에 가서 3개월을 더 있었던 것은 엘리사벳이 출산하는 것을 보기 위해 거기 머물렀던 것이다. 그러나 그게 다는 아니었다. 한편으로는 유월절이 다가오고 있었기 때문이다. 그러면 세례 요한으로 더 잘 알려진 침례자 '요하난'의 출생 시기는 3월 말이나 4월 초의 유월절 기간에 맞춰진다!

시기를 잘 따져 보면, 가브리엘 천사는 12월 말에 마리아에게 나타났을 것이다. 우리는 엘리사벳이 그녀를 만났을 때의 반응에서 그녀가 즉시 잉태했음을 알 수 있다(눅 1:41-45). 그리고 아홉 달 후인 9월 말 또는

---

13) 주전 164년 예루살렘 성전을 더럽히려는 안티오쿠스 4세에 대항하여 마카비 가문이 일으킨 혁명으로서, 이 기간 중 등잔의 기름이 떨어졌음에도 불구하고 9일 동안 성전의 등불이 꺼지지 않는 기적이 있었다. 이 혁명의 성공으로 유대인들은 주권을 되찾고 하스모니안 왕조를 수립했다. 이 일을 기념하는 절기가 '하누카'이며 9개의 가지가 있는 촛대(하누키야)가 그 상징물이다(역자 주).

10월 초, 바로 장막절에 메시아께서 탄생하셨다! 세례 요한이 언제 태어났는지 살펴보자.

4월

				1	2	3 유월절	4
5	6	7	8	9	10	11
			침례자 요하난, 즉 세례 요한이 이 기간에 태어났다.			
무교절							
12	13	14	15	16	17	18
19	20	21	22	23	24	25
26	27	28	29	30		

그리고 이어지는 달력은 예수님의 탄생을 보여 준다.

9월

	1	2	3	4	5	6
7	8	9	10	11	12	13
14	15	16	17	18	19	20
21	22	23	24	25	26	27
28 티슈리 월 15일에 예수님이 탄생하심	29	30	1	2	3	4
			장막절			

예수님께서 9월 28일이나 주일에 탄생하셨다고 말할 수는 없지만, 장막절 첫날인 티슈리 월 15일에 탄생하신 것은 분명하다. 여기서 9월 28일이라는 날짜는 우리가 사용하는 달력에서는 매년 달라진다. 그런데 성경적으로 이 시기가 맞는지 한 번 확인해 보자.

누가복음 2장에서는 로마 제국의 모든 사람들에게 인구조사를 위해 호적을 하라는 포고가 내려진다(눅 2:1). 따라서 모든 시민들이 호적을 하러 자기 고향으로 갔다. 어떤 경우든지 그것은 적어도 한 달 또는 그 이상이 걸리는 여정이었을 것이다. 비행기나 기차나 자동차도 없이 하루에 갈 수는 없었을 것이다! 당시 마리아의 남편인 요셉도 남쪽으로 나사렛에서 베들레헴으로 향했는데, 그곳은 예루살렘에서 남쪽으로 3마일 정도 떨어진 곳이었다.

여기서 한 가지 살펴볼 것이 있다. 누가복음 2장 뒷부분에 예수님이 열두 살 때 가족들과 함께 예루살렘에 유월절을 지키러 가셨다는 내용이 나온다. 그런데 집으로 오는 도중 하룻길이 지난 후에 예수님의 부모들이 그분을 일행 중에서 찾지 못했다고 한다. 그들은 예수님이 친족과 아는 자 중에 있을 것이라고 생각했기 때문에 처음엔 그분이 없어진 것을 몰랐다(눅 2:43-45). 몇 가지 이유 때문에 유대인들은 절기에 참석할 때 항상 무리를 지어 여행을 했다. 특히 40마일 이상을 며칠에 걸쳐 낙타나 나귀로 여행할 때 그랬다. 이것은 단지 친교나 안전을 위한 것뿐만 아니라 아이들을 돌보는 것과 같은 복합적인 이유 때문이었다. 마을 사람들 전체가 서로 돌보면서 함께 여행한 것이다.

성경은 마리아가 호적을 하러 갈 때 임신 중이었다고 한다(눅 2:5). 그녀는 아마 한 주간 늦게 도착했을 것이다! 당신은 하나님께서 성경의 이 모든 것을 태초부터 미리 계획하셨음을 믿는가? 하나님께서 예수님과 그분의 가족을 돌보셨다고 생각하는가? 그렇다면 정말로 하나님께서 요셉과 마리아가 홀로 나귀를 타고 임신 9개월의 몸으로 1년 중 폭우 또는 눈이 내리고 밤에는 기온이 영하로 떨어지는 한겨울에 여행하도록 계획하셨을 것이라고 생각하는가? 나는 그렇게 생각하지 않는다! 그분은 아름다운 날씨에 그들이 마을 주민들과 서로 도움을 주고받으면서 여행을 즐기도록 계획하셨을 것이다. 다시 말해서, 예수님은 우리가 기념하는 크리스마스에 탄생하지 않으셨다!

"거기 있을 그 때에 해산할 날이 차서 첫아들을 낳아 강보로 싸서 구유에 뉘었으니 이는 여관에 있을 곳이 없음이러라"(눅 2:6-7). 여기서 잠깐 이 구절을 분석해 보자. 본문에서 완전히 믿기 어려운 세부 사항이 있는데, 바로 아기를 강보로 쌌다는 말이다. "강보로 싸다"에 해당하는 그리스어는 길게 자른 천들로 싸는 것을 의미한다.

앞에서 제사장의 겉옷에 희생제물의 피가 많이 묻어서 더 이상 세탁을 할 수 없게 되면 그것을 길게 잘라서 성전 마당 여인의 뜰에 있는 거대한 등불의 심지로 사용한다고 말했던 것을 기억하라. 그 길게 자른 천들은 사용하기 편하게 바구니에 담겨 있었다(또한 마리아의 친척이 제사장이었음을 기억하라). 그러므로 우리가 발견하게 된 사실은 다음과 같다. 아기 예수님은 우리를 하나님께로 인도하는 희생제물들의 피로 젖은 제사장들의 겉옷을 잘라서 만든 세마포 천에 싸여 있었던 것이다.

여관에는 왜 방이 없었을까? 그때가 장막절이었기 때문이다. 요세푸스의 기록에 의하면, 당시 250만 명이 그 지역에 모여 있었다고 한다. 지방뿐 아니라 이집트, 시리아, 요르단 등의 외국에서 온 사람들 대부분은 두 주간 더 일찍 도착해서 나팔절 또는 욤 키푸르에도 거기 있었을 것이다. 그들은 멀리서 왔기 때문에 그 기간을 아예 휴가로 삼았을 것이다. 남자들은 '수카'에 머물러야 했지만, 여자들은 아무데나 머무를 수 있었다. 그 모든 절기 동안에 사람들은 단순히 와서 즐겼을 것이다.

베들레헴은 예루살렘에서 걸어서 약 45분밖에 되지 않으며 말을 타면 더 적게 걸린다. 이 거룩한 부부는 밤에 자기들의 '수카'에서 지내며 이들 옆에서 야영을 하는 수천 명의 사람들과 잔치를 즐기며 별이 빛나는 밤하늘을 바라보았을 것이다. 여기서 한 가지 이야기하고 싶은 것이 있다. 상식적으로 엄동설한에 시베리아의 호텔이 매진되지는 않는다. 예루살렘도 마찬가지이다. 나도 몇 차례 장막절에 예루살렘에 가 보았는데, 빈 방을 찾을 수가 없었다! 따라서 "여관에 방이 없다"는 것은 예수님의 탄생이 절기 중이었다는 사실을 말해 준다.

그 다음 구절은 예수님이 탄생하셨을 때 "목자들이 밤에 밖에서 자기 양 떼를 지키더니"(눅 2:8)라고 말한다. 한겨울 밤에 들판에 나가 있는 목자들은 아무도 없을 것이다! 진정한 목자라면, 얼음처럼 차가운 비나 눈이 내릴 때 양들을 밖에 두지 않는다. 장막절이 지나면 목자들은 양들을 우리에 가둔다. 이스라엘에서 11월부터 3월까지는 폭우, 또는 높은 지역에 눈이 내리는 우기이다. 9월과 10월에도 7일 정도 비가 내릴 수 있다. 그러나 12월과 1월에는 거의 한 달 내내 차가운 비가 내린다!

그런데 성경에는 천사가 목자들에게 나타나 온 백성에게 미칠 큰 기쁨의 좋은 소식을 가져왔으니 두려워하지 말라고 한다! 장막절은 백성들이 그 주간 전체를 즐기라고 명령 받은 '기쁨의 절기'이다. "절기를 지킬 때에는 너와 네 자녀와 노비와 네 성중에 거주하는 레위인과 객과 고아와 과부가 함께 즐거워하되"(신 16:14). 이 말씀은 하나님께서 "내가 내 아들을 위하여 역사상 가장 성대하고 멋진 잔치를 준비하고 있으니 온 세상이 즐거워할지어다!"라고 말씀하신 셈이다.

하나님은 심지어 '생일 축하' 노래(시 118편)까지 미리 예비하셨다. 요셉과 마리아가 그 멋진 아침에 다른 사람들과 함께 불렀던 노래를 보라. "여호와는 나의 능력과 찬송이시요 또 나의 구원[예슈아]이 되셨도다 의인들의 장막에는 기쁜 소리, 구원[예슈아]의 소리가 있음이여 여호와의 오른손이 권능을 베푸시며 여호와의 오른손이 높이 들렸으며 여호와의 오른손이 권능을 베푸시는도다 … 주께서 내게 응답하시고 나의 구원[예슈아]이 되셨으니 내가 주께 감사하리이다"(시 118:14-16, 21). 24절을 덧붙이면, 다음과 같다. "이 날은 여호와께서 정하신 것이라 이 날에 우리가 즐거워하고 기뻐하리로다."

그들이 광야에서 성막을 짓던 바로 그날에 하나님이 그들과 함께 장막에 거하셨고, 예수님 시대의 장막절이 시작되던 바로 그날에 메시아께서 의인의 장막에 태어나셨다. 따라서 250만 명의 백성들은 의도하지 않은 채 "구원[예슈아]이 의인의 장막에 있음이여"라고 노래했던 것이다!

누가는 계속해서 다음과 같이 말한다. "홀연히 수많은 천군이 그 천사들과 함께 하나님을 찬송하여 이르되 지극히 높은 곳에서는 하나님께 영광이요 땅에서는 하나님이 기뻐하신 사람들 중에 평화로다"(눅 2:13-14). 그들이 하늘에서 내려다보았을 때, 하나님이 손으로 만드신 걸작품을 본 것은 놀라운 일이 아니다! 그분은 진정한 우주의 지휘자로서 모든 것이 처음부터 조화를 이루게 하셨다.

하나님께서 약속을 지키신다고 믿는가? 창세기로 돌아가면, 하나님은 아브라함과 언약을 맺으시며 그 징표로 모든 남자는 대대로 할례를 받아야 한다고 말씀하셨다(창 17:10-12). 장막절은 7일간 지켜지며 그 다음 8일째는 완전히 구별된다. 민수기 29장 35절은 그날이 성회가 되어야 한다고 말한다. 누가에 따르면 "할례할 팔 일이 되매" 그 이름을 예수라고 했는데, 그것은 잉태하기 전에 천사가 말한 이름이었다(눅 2:21). 여기서 만약 예수님이 장막절 첫날에 태어나셨다면, 제8일째에 그분은 아버지 집에 계셨고, 할례의 언약을 통해 피를 흘리심으로 아브라함에게 주신 언약을 확증하신 것이다! 이 모든 예행연습들과 주님의 완벽한 타이밍을 알겠는가?

예수님의 탄생 시기는 이렇게 기적이었다. 탄생 자체가 기적이듯이 말이다! 이것과 관련하여 마태는 다음과 같이 기록하였다. "이 모든 일이 된 것은 주께서 선지자로 하신 말씀을 이루려 하심이니 이르시되 보라 처녀가 잉태하여 아들을 낳을 것이요 그의 이름은 임마누엘이라 하리라 하셨으니 이를 번역한즉 하나님이 우리와 함께 계시다 함이라"(마 1:22-23). 이것은 이사야 7장 14절의 예언이었다.

어떤 사람들은 이사야가 '처녀'를 지칭하여 사용한 히브리어 '알마'가 '젊은 여인'을 뜻하기 때문에 굳이 처녀일 필요는 없다고 한다. '베툴라'라는 히브리어도 '처녀'를 뜻하는데 둘 다 '처녀' 또는 '젊은 여인'을 의미할 수 있다. 그러나 요엘서 1장 8절에 사용된 '베툴라'는 결혼한 젊은 여자로 결코 처녀가 아니다. 또 창세기 24장 43절에서 리브가를 묘사하기 위해 사용된 '알마'도 전적으로 '처녀'를 의미하는데, 그것은 70인역의 유대인 번역자들이 히브리어를 그리스어로 옮길 때 생각했던 의미로 설명된다. 예수님이 태어나시기 오래전부터 그들은 '처녀'를 의미하는 그리스어 '파르테노스'를 선택했다. 그래서 마태복음 2장의 박사들도 메시아가 초자연적으로 탄생하실 것을 알았다.

메시아께서 유월절이 아닌 장막절에 태어나셨다는 또 다른 증거는 다음과 같다. 누가복음 3장 23절에 따르면, 그분은 30세 생일 즈음에 사역을 시작하셨다. 그리고 유월절에 죽으실 때까지 3년 반을 사역하셨다. 만약 그분이 유월절에 태어나셔서 3년 반을 사역하셨다면 가을 절기 중에 돌아가셨을 것이다.

장막절에 성취될 일들

가을 절기를 보면, 하나님께서 이 멋진 절기를 우리에게 주신 이유를 알 수 있다. 메시아에 대한 지식이 커지고 물이 바다를 덮듯이 하나님의 영광이 이 땅을 덮게 되는(합 2:14) 메시아의 시대에 우리의 삶이 어떻게 될지를 보여 주시기 위함이다. 각각의 절기들은 시대적으로 성취되는 단계가 다르다.

장막절은 에덴동산에서 하나님이 아담과 하와와 더불어 거하실 때에 시작되었으며, 모세가 성막을 지었을 때 또 다른 단계가 추가되었다. 그리고 예수님이 탄생하셔서 그 절기 중에 사역하시면서 추가적인 단계들이 형성되었다. 그분이 천년 왕국을 위해 재림하실 때, 그 절기는 마침내 새 하늘과 새 땅과 더불어 완성될 것이다.

역설적으로, 많은 사람들이 장막절 기간 중에 아마겟돈 전쟁이 발발할 것이라고 믿고 있다. 이스라엘 사람들은 매년 이 절기 중에 곡과 마곡의 전쟁을 묘사하는 부분인 에스겔 38-39장을 이스라엘의 적들이 진멸될 것임을 예언하는 스가랴 12-14장과 함께 읽는다. 에스겔 38장은 이스라엘 땅에 있을 큰 진동에 대해 말하는데, 바다의 물고기, 하늘의 새, 들의 짐승들, 기어 다니는 모든 것들, 그리고 땅 위의 모든 사람들이 하나님의 임재 앞에서 요동할 것이다. 그때에 산들이 내려앉고 모든 성벽들이 무너질 것이다(겔 38:19-22).

이사야 24장 19-20절은 땅이 "깨지고 깨지며 갈라지고 갈라지며 흔들리고 흔들리며" 마치 "취한 자 같이 비틀비틀" 한다고 말한다. 이것은 장막절 기간 중에 일어날 일이다. 그러나 나는 내 '수카' 안에서 매우 즐거워할 것이다!

여기서 우리는 건물과 초막 사이의 전쟁을 본다. 건물은 인간이 지은 것으로 하늘 높이 치솟은 단단한 지붕을 갖추고 있는데, 그 안에서 우리는 하나님을 보지 않으며 하나님도 우리를 보시지 않는다. 그러나 '수카'는 우리가 고개를 들었을 때 별을 볼 수 있도록 꼭대기를 단순하게 만든 작고 부실한 구조물이다. 우리는 하나님을 의지할 수밖에 없는 '수카'의 초라함과 대립되는 단단하고 자랑스러운 건물을 소유하고 있다. 과연 우리의 안전이 사람이 지은 것 안에 있을까, 아니면 주님 안에 있을까?

장막절, 또는 수콧 기간에는 수카에서 음식을 먹는다. 이 절기 중에 읽는 에스겔 39장은 밖에서 먹는 음식에 대하여 말한다. 여호와께서 에스겔에게 모든 새들과 들짐승을 모아 이스라엘 산에서 준비된 큰 희생 제사에 초대하라고 말씀하신다. 그것들은 용사의 고기를 먹고 세상 왕들의 피를 마시며 말 탄 자들의 고기로 배부를 것이다(겔 39:17-21).

이것은 계시록에서 천사가 하늘의 모든 새들을 초대하여 위대하신 하나님의 만찬에 참여하라고 말하는 것과 똑같다(계 19:17-18). 나는 에스겔과 요한이 같은 사건을 보았다고 믿는다. 그것은 어느 해의 장막절에 밝혀질 사건이다.

안식일

결코 비중이 작지 않은 최후의 신성한 약속시간은 안식일(샤밧)이다. 레위기에서는 실제로 절기에 대하여 이야기할 때 안식일을 가장 먼저 언급한다.

> 여호와께서 모세에게 말씀하여 이르시되 이스라엘 자손에게 말하여 이르라 이것이 나의 절기들이니 너희가 성회로 공포할 여호와의 절기들이니라 엿새 동안은 일할 것이요 일곱째 날은 쉴 안식일이니 성회의 날이라 너희는 아무 일도 하지 말라 이는 너희가 거주하는 각처에서 지킬 여호와의 안식일이니라 (레 23:1-3)

창세기에 따르면 태초부터 여호와께서 가장 먼저 구별하신 것은 사람이 쉬는 일곱째 날이었다(창 2:1-2). 안식일과 관련하여 여러 가지 논쟁이 있는데, 분명히 밝히는 것은 내가 일요일에 교회 가는 것을 반대하지 않는다는 것이다. 성전 예식들은 일주일 내내 매일 시행되었기 때문에 모든 날들이 가르침이나 예배를 위해 모이기에 적합하다. 레위기 6장 12절을 보면 매일 하루에 두 번씩 희생 제물을 바치고 재를 치우고 등불을 피우는 등의 일이 요구되었다. 레위인들은 매일같이 예식을 진행했을 것이다.

나는 개인적으로 미국 전역뿐만 아니라 국제적으로도 일요일에 교회에서 가르치고 있다. 그러나 목사들이 매일 사역을 하고, 한 주 내내 매일같이 교회에서 예배를 드린다고 해서 일요일을 '샤밧'으로 규정할 수는 없다. 그러한 문제 때문에 일요일에는 교회에 가고 '샤밧'에는 쉬어야 한다. 더구나 대다수의 사람들에게는 일요일조차 샤밧이 되지 못한다. 단순히 두 시간의 예식에 참여함으로써 의무를 완수한 다음, 남은 시간은 전부 자신들을 위해 쓴다.

나의 목적은 '샤밧'이 얼마나 훌륭한지를 보여 주는 것이지, 신학적으로 정확한 날을 정하려는 것이 아니다. 그러므로 그것이 유대인의 '샤밧'이 아니라 여호와의 '샤밧'임을 명심하여 반유대주의로 가장 크고 귀한 복을 몰아내지 말라. 먼저 이사야서 56장을 보자.

> 여호와께서 이와 같이 말씀하시기를 나의 안식일을 지키며 내가 기뻐하는 일을 선택하며 나의 언약을 굳게 잡는 고자들에게는 내가 내 집에서, 내 성 안에서 아들이나 딸보다 나은 기념물과 이름을 그들에게 주며 영원한 이름을 주어 끊어지지 아니하게 할 것이며 또 여호와와 연합하여 그를 섬기며 여호와의 이름을 사랑하며 그의 종이 되며

이제 여호와께서 덧붙여 주신 확장된 설명을 보자.

안식일을 지켜 더럽히지 아니하며 나의 언약을 굳게 지키는 이방인마다 내가 곧 그들을 나의 성산으로 인도하여 기도하는 내 집에서 그들을 기쁘게 할 것이며 그들의 번제와 희생을 나의 제단에서 기꺼이 받게 되리니 이는 내 집은 만민이 기도하는 집이라 일컬음이 될 것임이라 (사 56:4-7)

하나님은 '샤밧'을 지키는 모든 사람을 그분의 성산으로 인도하시며 그분의 기도하는 집에서 기쁘게 하실 것이라고 말씀하신다. '샤밧'을 지키는 것은 율법주의가 아니다. 율법주의는 모든 것이 일에 관한 것이나 '샤밧'은 정확하게 그 반대이다. 전부 휴식에 관한 것이며 그것이 복음이다! 기쁜 소식은 우리가 구원받는 것이 우리가 아니라 그분이 행하신 일 때문이라는 사실이다! '샤밧'은 그 사실을 주기적으로 상기시켜 준다.

샤밧은 저주가 임하기 전에 창조되었다. 그러나 일이 아담에게 주어진 것도 저주 이전이다. 그러므로 둘 다 인간을 위한 것이다. 창조되는 이 세상 안에 시간과 공간과 물질 이 세 가지가 필요했는데, 창세기에서는 그중에 단 한 가지를 거룩하다고 선포했다. 그것은 바로 시간이다(창 2:3). 하나님께서는 특별히 어떤 시간을 거룩하게 하시고 그것을 구별하셔서 그분의 자녀들과 함께 지내시며 그들이 자신들의 창조주와 관계를 맺을 수 있도록 하셨다!

그 다음으로 하나님께서 구별하신 것은 물질이다. 출애굽기 19장 6

절에 따르면, 하나님은 한 민족 집단을 거룩하게 하시고 그들에게 "너희가 내게 대하여 제사장 나라가 되며 거룩한 백성이 되리라"고 말씀하셨다. 나중에 그분은 이스라엘 민족에게 자신이 곧 그들을 거룩하게 하는 분임을 상기시켜 주셨다(레 20:8).

마지막으로 그분은 공간을 거룩하게 하셨다(출 25:8). 그분은 이스라엘에게 그분을 만날 수 있는 성소, 곧 거룩하게 구별된 장소를 만들라고 말씀하셨다. 그렇게 하나님은 먼저 때, 곧 그분이 약속한 시간을 거룩하게 하셨고, 그분의 백성을 거룩하게 하셨으며, 마지막으로 그 백성들이 거룩함을 유지할 장소를 구별하셔서 약속된 시간에 그분을 만날 수 있게 하셨다.

그런데 여로보암은 무슨 짓을 저질렀는가? 그는 시간과 공간을 바꾸었고, 하나님에 대한 자신의 위치를 바꾸었다(왕상 12:27-33). 그는 자기 마음대로 언제, 어디에서 하나님을 섬길지 정했다. 나는 하나님의 말씀을 편집할 생각조차 하지 못한다. 그것은 참으로 두려운 일이다! 예수님도 정해진 '샤밧'을 지키셨다. 그분이 승천하신 후에 제자들이 그랬듯이 말이다(눅 4:16, 31, 행 13:42-44). 당신은 천년왕국 후에 하나님께서 새 하늘과 새 땅을 만드신 후에도 여전히 '샤밧'과 월삭 절기를 지킬 것임을 알고 있는가?(사 66:22, 23) 나는 그분이 언제나 동일하시다고 생각한다!

여기서 잠시 《안식》(The Shabbath)의 저자인 아브라함 요슈아 헤셸을 통해 배운 시간과 공간과 물질의 개념에 대해 나누고자 한다. 당신은 노동의 대부분이 무언가를 추구하는 데 소비된다는 사실을 아는가? 우리는 물질로 우리의 공간을 채우느라 시간을 소비한다! 그런데 우리는 훨씬 더 많은 '물질'을 유지하느라 더 큰 공간을 마련하기 위해 더 힘들게 노동을 한다! 이 부분에서 다음과 같이 말하는 어리석은 부자의 말이 떠오른다. "내가 곡식 쌓아 둘 곳이 없으니 어찌할까 하고 … 내 곳간을 헐고 더 크게 짓고 내 모든 곡식과 물건을 거기 쌓아 두리라"(눅 12:17-18).

대부분의 종교에서는 신이 강이나 산과 같은 특정 공간에 거주한다고 믿는다. 이러한 예가 열왕기하에 나온다. 앗수르 왕이 백성들을 사마리아 땅에 데려다 놓자 사자가 그들을 공격했는데, 그들은 자기들이 그 땅의 신을 몰랐기 때문에 그런 일이 벌어졌다고 추측했다. 그들은 마치 각 지역마다 고유한 신이 있다는 듯이 말한다(왕하 17:26-27).

몇몇 종교들은 우상과 같은 물질을 통해 자기들의 신과 관계를 맺는다. 그리스인들과 로마인들이 히브리인들의 신을 찾으려고 성전에 몰려갔을 때, 거기에는 아무것도 없었다. 그들은 물리적인 공간에서 물질적인 신을 찾았다. 그러나 우리는 하나님이 영이시며, 그분을 예배하는 자가 영과 진리로 예배해야 한다는 사실을 안다(요 4:24). 그런데 종종 우리는 하나님이 물질로 만들어진 신이라는 관점을 갖고 있기 때문에 그분이 어떤 장소 또는 자연 가운데 거주하시는 것으로 생각한다.

그러나 성경은 공간보다 시간에 더 관심을 둔다. 이스라엘의 하나님은 시간상의 사건들 가운데 계신 분이다. 그분은 각 세대마다 관심을 갖고 계시며, 역사 속에서 자신을 나타내신다. 그러므로 유대교는 시간에 관한 종교이며, 시간을 신성하게 여긴다. 성경은 우리가 이와 똑같은 우선권을 가지고 살기 바란다.

임종을 앞둔 사람은 주어진 시간을 다르게 보내려고 하지, 더 많은 물건을 얻으려 하지 않는다. 공간을 의식하는 사람에게는 모든 날이 똑같다. 거기에 구별된 시간은 없다. 이것은 우리에게 개인의 우선순위가 무엇인지를 말해 준다. '거룩'이라는 단어는 구별되는 것을 의미한다. 만약 모든 것이 똑같다면 거룩한 것은 아무것도 없을 것이다. 그것은 모든 것이 평범하다는 것을 의미한다.

우리는 우리 자신을 시간 속의 거룩함에 참여시킬 필요가 있다. 마지막으로 창조된 것은 '샤밧'인데, 이것은 하나님의 목표지점을 말해 준다. 매주 우리가 한 주간의 업무를 시작할 때마다 우리의 목표는 '샤밧'이다. 우리는 공간으로 무엇을 해야 할지 알고 그것을 채운다. 그러나 시간이 인생의 매 순간을 삼키고 있을 때, 우리는 그것으로 무엇을 하고 있을까? 우리는 또다시 공간으로 후퇴해서 그것을 채우고 물질은 거대한 성전이 된다.

그러나 성경은 '샤밧'이 우리의 위대한 성전임을 보여 준다. 그것은 우리가 지을 수 있는 것이 아니라 하나님이 구별하신 것이다. 우리는 바벨탑들을 쌓고, 하나님은 자신이 인간의 역사에 개입하실 약속된 시간들을 구별하신다.

이러한 절기들을 포함해서 모든 '샤밧'은 시간의존적이었다. 저녁 제사와 아침 제사들을 위한 특별한 시간들이 있었고, 기도하는 시간들이 정해져 있었다. 우리는 좋은 시간과 나쁜 시간들을 기억하라고 들었다. 또한 창조, 유월절, 그리고 동정녀 탄생을 기억해야 한다. 따라서 영적인 사람은 물건이 쌓이는 것에 관심이 없고, 성스러운 순간들을 맞이할 수 있느냐에 관심이 있다!

전도서 3장 1절은 모든 일에 기한이 있고 만사가 다 때가 있다고 한다. 문제는 우리가 하나님의 달력을 쓰지 않기 때문에 그 시간을 모른다는 사실이다! 우리는 심어야 할 시간에 뽑고, 뽑아야 할 시간에 심는다. 모든 시간이 마찬가지라면, 우리가 무엇을 하고 그것을 언제 하든 누가 신경을 쓰겠는가? 7월 4일에 열어야 할 독립기념 행사를 10월에 열고, 결혼기념일을 당신이 마음대로 바꾸겠다고 아내에게 말한다면 어떻게 되겠는가?

우리는 시간이 얼마나 중요한지 깨닫지 못하고 있다. 예레미야 8장 7절은 공중의 학은 정한 시기를 알고 산비둘기와 제비와 두루미도 정확한 시간에 돌아오는데, 하나님의 백성은 무지하다고 말한다. 역대상 12장 32절에서 잇사갈 자손들이 칭찬을 받는 이유는 그들이 "시세를 알고 이스라엘이 마땅히 행할 것을" 알았기 때문이다.

날아가는 독수리와 모기를 어떻게 비교하겠는가? 장소와 물질에 다양성이 있지만, 시간 속에서 다양성은 의미가 없다. 모든 날이 똑같다고 선포되면, 우리에겐 비전이 결여되고, 비전이 없으면 하나님의 백성은 망한다(잠 29:18).**14)**

이 책 뒤편에 '샤밧'을 구별하는 데 사용할 간단한 지침을 실었다. 성도들이 '샤밧'을 지키면서 다른 사람들이 휴식과 즐거움을 찾도록 돕기 위함이다. 이 안식일을 기념하고 싶다면 부록을 참조하라.

---

14) 해당 구절이 한글 개역개정판에서 "묵시가 없으면 백성이 방자히 행하거니와"로 번역되었지만, 저자는 KJV의 "Where there is no vision, the people perish"를 인용하였다(역자 주).

하누카와 마지막 때

성경의 예언을 푸는 열쇠들 가운데 하나는 이스라엘의 하나님이 우리가 이해할 때까지 똑같은 사건들을 다른 시점으로 끊임없이 반복하신다는 사실을 깨닫는 것이다. 그래서 전도서 1장 9절에서 "이미 있던 것이 후에 다시 있겠고 이미 한 일을 후에 다시 할지라 해 아래에는 새 것이 없나니"라고 말하는 것이다.

많은 신자들은 전혀 모르는 사실이지만, 예수님은 하누카를 지키셨다. 하누카는 주전 168년 무렵 안티오쿠스 에피파네스가 성전을 더럽히고 가증한 것을 세우자 성전을 탈환하여 다시 봉헌한 것을 기념하는 유대 절기이다. 매년 겨울 키슬레브 월 25일에 마카비 형제들이 그리스 군대를 격파하고 성전 예식을 다시 수립한 것을 기념한다. 히브리어로 '봉헌'을 의미하는 '하누카'는 예루살렘에서 기념하는 겨울 절기로, 그 기간 중에 예수님께서 솔로몬의 행각을 거니셨고 유대인들이 그분이 메시아인지 확인하기 위해 그분을 둘러쌌다(요 10:22-24).

'하누카'는 8일간 지속되는데, 8은 봉헌의 숫자이다. 제8일째에는 곡식이건 짐승이건, 모든 첫 열매를 여호와께 봉헌해야 했다(출 22:29-30). 할례도 제8일째에 실시했다. 모세가 성막을 봉헌하는 동안 여호와께서 이스라엘에 나타나시고 여호와께로부터 나온 불이 제단 위의 제물들을 사른 것도 제8일째였다(레 9:1, 23-24). 솔로몬의 성전 또한 장막절 기간 중에 '하누카'(봉헌)되었다. 성전이 봉헌된 것은 그 절기 중의 제8일째였으며, 또다시 여호와께로부터 나온 불이 제물을 살랐다(대하 7:8-9). 아하스 왕이 더럽힌 성전을 히스기야 왕이 '하누카'(봉헌)한 것도 제8일째였다(대하 29:15-17). 주전 500년경에 에스라와 느헤미야도 성전을 재건축한 후 '하누카'(봉헌)했다(스 6:3-16).

느부갓네살 왕이 머리가 금이고 팔과 가슴은 은이며 배와 넓적다리는 동이고 다리는 철, 그리고 두 발이 각각 철과 흙으로 된 신상에 대한 꿈을 꾸었을 때, 다니엘은 그것을 해석하면서 '하누카'를 둘러싼 사건들이 일어날 것을 예언했다(단 2:31-40). 느부갓네살 다음에 은으로 된 보다 열등한 왕국이 올 것이며, 그 다음에 각각 동과 철로 된 더 열등한 두 개의 다른 나라가 오고, 이어서 마지막 때의 왕국이 일어난다는 것이었다. 그래서 느부갓네살은 자기가 보았던 그 신상을 세우고 그것을 '하누카'(봉헌)하기 원했다(단 3:1-2). 우리는 이러한 유형이 계시록 13장 14-15절에서 반복되는 것을 볼 수 있는데, 여기서는 '짐승'의 형상이 만들어져 모든 사람이 경배한다.

다니엘 7장에서 다니엘은 밤에 이상을 보았다. 그는 바다에서 올라오는 큰 짐승 넷을 보았는데 첫째는 사자 같고, 둘째는 곰, 셋째는 머리 넷과 날개 넷을 가진 표범, 그리고 넷째는 철로 된 이와 열 개의 뿔을 가진 무서운 짐승이었다(단 7:2-8). 그가 본 것은 느부갓네살이 꿈에서 본 것과 똑같은 것이었지만, 관점이 달랐다.

이어서 다니엘은 똑같은 사건들을 다시 한 번 보게 되는데, 이번에는 다른 방식이었다. 이번에 그는 두 개의 뿔을 가진 양에 이어서 눈 사이에 '현저한 뿔'을 가진 숫염소를 보았다. 이 염소는 그 양을 죽이고 매우 강성해졌다. 그가 한창 강력할 때, 그의 큰 뿔이 부러지고 그 자리에 네 개의 주목할 만한 것들이 나왔다. 그것들 중 하나로부터 작은 뿔이 나오더니 그것 또한 매우 커졌는데, 성경은 그것이 매일 드리는 제사를 없애 버렸다고 말한다(단 8:3-11). 그때 다니엘은 두 사람이 대화하는 소리를 들었다. 이러한 일들이 얼마나 지속될지 궁금하던 중에 매일 드리는 제사의 폐지와 성소가 짓밟히는 일이 계속될 것이나 2,300일 후에 그 성소가 정결하게 될 것이라는 이야기였다(단 8:13-14). 이때 다니엘이 바벨론에 있었다는 사실을 기억하라. 당시 성전은 폐허였다. 그러므로 그가 본 것은 장래에 있을 일이었다.

그 다음에 천사 가브리엘이 다니엘에게 그가 본 이상을 해석해 주었다. 그는 양이 메대와 바사(페르시아)를 나타낸다고 말했는데, 이것은 느부갓네살이 꿈에서 본 것과 같은 내용이었다. 큰 뿔을 가진 염소는 그리스 왕으로 알렉산더 대왕에 관하여 말한 것인데, 그의 왕국은 분열되어 네 개의 나라로 나누어지며 네 개의 뿔은 그 나라의 지도자들을 의미했다. 이것들 가운데 하나로부터 나온 작은 뿔이 바로 '하누카' 이야기에 나오는 그리스 왕 안티오쿠스 에피파네스이다! 그는 점점 강성해져서 거짓된 평화조약으로 많은 민족을 멸망시켰다(단 8:16-25).

이렇게 느부갓네살은 커다란 신상의 형태로 미래의 왕국들에 관한 꿈을 꿨고, 다니엘은 네 마리의 짐승 형태로 그리고 또다시 동물들의 모습으로 그 나라들을 보았다. 마침내 다니엘 11장에서 우리는 또다시 매일 드리는 제사가 폐지되는 것과 "멸망하게 하는 가증한 것"이 세워지는 것을 보게 된다. 다니엘은 지혜로운 자들이 많은 사람을 가르칠 것이나 그들도 몰락할 것이라는 말을 듣는다(단 11:31-33).

19세기의 독일 철학자 게오르그 헤겔은 우리가 역사로부터 배우는 것은 우리가 역사로부터 배우지 않는다는 사실이라고 말했다. 이것이 특히 예언에 열광하는 사람들의 문제다. 그리스식의 직선적 사고 체계 덕분에 그들은 일종의 목록 점검 개념을 품고 있는데, 거기에서 일단 한 번 일어난 일은 '삭제'된다. 마치 그 일이 다시는 일어날 수 없다는 듯이 말이다.

그런데 실제로는 그 반대이다. 한 번 어떤 일이 일어나면, 그 일이 약간 다른 방식이지만 또다시 일어날 것이라고 장담할 수 있다. 많은 사람들은 다니엘의 이상을 미래와 마지막 때의 사건들에 적용한다. 사실상 그 일들이 이미 실제로 일어났지만 말이다. 그러나 그것이 바로 그 일들이 또다시 일어날 것을 증명한다는 사실을 알아야 한다. 이와 관련하여 마카비서를 통해 실제적인 역사를 살펴보자.

> 기띰 출신의 마케도니아 사람으로 필립보의 아들인 알렉산더는 페르샤와 메대의 왕 다리우스를 쳐부수고 그 왕권을 차지하여 그리스 왕국을 손에 넣은 다음 (마카베오상 1:1)[15]

이것은 느부갓네살과 다니엘의 환상에 대한 실제적인 순서이다. 그 다음에 우리는 더 많은 것들이 이루어짐을 볼 수 있다.

---

15) 외경에 속하는 마카비서의 한글 번역은 1977년판 대한성서공회 공동번역 성서를 사용했다. '마카비'라는 표기가 히브리어 발음에 가깝지만, 성서 제목은 공동번역 성서의 표기 방식을 따랐다(역자 주).

그들 중에서 죄악의 뿌리가 돋아났는데 그는 안티오쿠스 왕의 아들로서 로마에 인질로 갔던 안티오쿠스 에피파네스였다. 그는 그리스 왕국 백삼십칠 년에 왕이 되었다. 그 무렵, 이스라엘에서는 반역자들이 생겨 많은 사람들을 선동하면서 "주위의 이방인들과 맹약을 맺읍시다. 그들을 멀리하고 지내는 동안 얼마나 많은 재난을 당하였습니까" 하고 꾀었다. 이 말이 그럴듯하여 백성들 중에서 여럿이 왕에게 달려가 이방인들의 생활풍습을 받아들이자고 청하여 허가를 받았다. 그들은 곧 이방인들의 풍속을 따라 예루살렘에 운동장을 세우고 할례 받은 흔적을 없애며 거룩한 계약을 폐기하고 이방인들과 어울렸다. 이렇게 그들은 자기 민족을 팔고 악에 가담하였다. (마카베오상 1:10-15)

여기서 '운동장'이라는 단어의 어근은 '벌거벗다'이다. 고대의 올림픽 경기는 나체로 시행되었다. 이 운동장은 예루살렘 오른쪽, 성전 바로 옆에 세워졌다. 그 목적은 유대인들을 그리스 문화에 완전히 동화시키기 위해서였다. 다시 역사로 돌아가 보자.

백사십삼 년(주전 169년)에 에집트를 쳐부순 안티오쿠스는 돌아오는 길에 대군을 이끌고 이스라엘로 가서 예루살렘으로 쳐들어갔다. 그는 무엄하게도 성전 깊숙이 들어가서 금제단, 등경과 그 모든 부속물, 제사상, 술잔, 그릇, 금향로, 휘장, 관 등을 약탈하고 성전 정면에 씌웠던 금장식을 벗겨 가져갔다. 또 금, 은은 물론 값비싼 기물들을 빼앗고 감추어 두었던 보물들을 찾아내는 대로 모두 약탈하였다. 그는 이 모든 것을 차지하고 많은 사

람을 죽인 다음 오만불손한 욕설을 남기고 자기 나라로 돌아갔다. (마카베오상 1:20-24)

이것이 바로 다니엘이 말했던 일이다! 이제 그 다음에 역사적으로 무슨 일이 일어나는지 살펴보고, 전도서에서 전에 있던 일이 또다시 있을 것이라고 한 말이 사실인지 판단해 보자.

그 후 안티오쿠스 왕은 온 왕국에 영을 내려 모든 사람은 자기 관습을 버리고 한 국민이 되어야 한다고 했다. 이방인들은 모두 왕의 명령에 순종했고 많은 이스라엘 사람들도 왕의 종교를 받아들여 안식일을 더럽히고 우상에게 제물을 바쳤다. 왕은 또 사신들을 예루살렘과 유다의 여러 도시에 보내어 다음과 같은 칙령을 내렸다. "유다인들은 이교도들의 관습을 따를 것. 성소 안에서 번제를 드리거나 희생제물을 드리거나 술을 봉헌하는 따위의 예식을 하지 말 것. 안식일과 기타 축제일을 지키지 말 것. 성소와 성직자를 모독할 것. 이교의 제단과 성전과 신당을 세울 것. 돼지와 부정한 동물들을 희생제물로 잡아 바칠 것. 사내아이들에게 할례를 행하지 말 것. 온갖 종류의 음란과 모독 행위로 스스로를 더럽힐 것. 이렇게 하여 율법을 저버리고 모든 규칙을 바꿀 것. 이 명령을 따르지 않는 자는 사형에 처한다."
(마카베오상 1:41-50)

이것은 참으로 믿기 어려운 사실이다! 우리는 삶 가운데 이러한 사건들의 그림자를 보고 있다. 그러면 그 다음에 일어난 일이 무엇인지 보자.

백사십오 년 기슬레우 월 십오 일(주전 167년 12월 7일)에 안티오쿠스 왕은 번제 제단 위에 가증스러운 파멸의 우상을 세웠다. 그러자 사람들은 유다의 근방 여러 도시에 이교 제단을 세우고 집 대문 앞에나 거리에서 향을 피웠다. 율법서는 발견되는 대로 찢어 불살라 버렸다. 율법서를 가지고 있다가 들키거나 율법을 지키거나 하는 사람이면 누구든지 왕명에 의해 사형을 당하였다. (마카베오상 1:54-57)

이것이 바로 다니엘이 말한 멸망시키는 가증한 것으로, 메시아께서 태어나시기 약 200년 전에 일어났다. 이제 이어서 유대인들의 반란 이야기가 나온다!

그러나 이에 꺾이지 않고 부정한 것을 먹지 않기로 굳게 결심한 이스라엘 사람들도 많았다. 그들은 부정한 음식을 먹어서 몸을 더럽히거나 거룩한 계약을 모독하느니 차라리 죽음을 달게 받기로 결심하였고, 사실 그들은 그렇게 죽어 갔다. 크고 무서운 하나님의 진노가 이스라엘 위에 내린 것이다 … 안티오쿠스 왕은 유다인들에게 배교를 강요하고 이교제사를 드리게 하려고 자기 부하들을 모데인시로 보냈다. 많은 이스라엘 사람들이 그들을 따랐지만, 마따디아와 그의 아들들은 따로 떨어져 한데 뭉쳤다. 그러자 왕의 부하들이 마따디아에게 이렇게 말하였다. "아들들과 형제들의 지지를 받는 당신은 이 도시의 훌륭하고 힘 있는 지도자요. 모든 이방인들과 유다의 지도자들과 예루살렘에 남은 사람들이 다 왕명에 복종하고 있는 터에 당신이 앞장 선다면 당신과 당신의 아들들은 왕의 총애를 받게 될 것이고 금과 은과 많은 선물로 부귀영화를 누릴 것이오." 그러나 마따디아는 큰 소리로 이렇게 대답하였다. "왕의 영토 안에 사는 모든 이방인이 왕명에 굴복하여 각기 조상들의 종교를 버리고 그를 따르기로 작정했다 하더라도 나와 내 아들들과 형제들은 우리 조상들이 맺은 계약을 끝까지 지킬 결심이오. 우리는 하늘이 주신 율법과 규칙을 절대로 버릴 수 없소. 우리는 왕의 명령을 따를 수 없을 뿐더러 우리의 종교를 단 한 치도 양보할 수 없소." 마따디아의 말이 끝났을 때, 어떤 유다인 한 사람이 나와서 모든 사람이 보는 앞에서 왕명대로 모데인 제단에 희생제물을 드리려고 했다. 이것을 본 마따디아는 화가 치밀어 올라 치를 떨고, 의분을 참지 못하여 앞으로 뛰어올라가 제단 위에서 그 자를 죽여 버렸다. 그리고 사람들에게 이교 제사를 강요하기 위하여 온 왕의 사신까지 죽이고 제단을 헐어 버렸다. 이렇게 해서 마따디아는 전에 비느하스가 살루의 아들 지므리를 찔러 죽였을 때처럼 율법에 대한 열성을 과시하였다. 그리고 마따디아는 거리에 나서서 "율법에 대한 열성이 있고 우리 조상들이 맺은 계약을 지키려고 하는 사람은 나를 따라 나서시오" 하고 큰 소리로 외쳤다. 그리고 나서 그는 모든 재산을 그 도시에 버려 둔 채 자기 아들들을 데리고 산으로 피해 갔다. (마카베오상 1:62-64, 2:15-28)

그 다음에 전개되는 일에 각별히 주의를 기울이라.

그래서 큰 군대가 그들을 쫓아 나섰다. 그들이 있는 곳에 다다라 맞은편에 진을 치고 안식일을 골라 공격할 채비를 갖추었다. 그리고는 숨어 있는 사람들에게 "자, 이젠 그만두고 나와서 왕명에 복종하여라. 그러면 목숨만은 살려 주겠다" 하고 크게 외쳤다. 그러나 그 사람들은 "왕명에 굴복해서 안식일을 더럽힐 수는 없다. 우리는 나가지 않는다"라고 대답하였다. 그러자 그들은 즉시 공격을 받았다. 그러나 대항하여 싸우지 않았다. 돌을 던지거나 자기들의 피신처에 방벽을 쌓거나 하지도 않고 "우리는 모두 깨끗하게 죽겠다. 너희들이 죄 없는 우리를 죽였다는 것을 하늘이 알고 땅이 증언할 것이다"라고 하였다. 이렇게 적군이 안식일을 택해서 공격해 왔기 때문에 유다인들은 처자와 가축과 함께 고스란히 죽어 갔고, 죽은 사람은 천 명이나 되었다. 마따디아와 그의 동지들은 이 소문을 듣고 동포들의 죽음을 몹시 슬퍼하며 서로 이렇게 말하였다. "만일 우리 모두가 이미 죽어 간 형제들을 본받아 우리의 관습과 규칙을 지키느라고 이방인들과 싸우지 않기로 한다면 머지않아 그들은 우리를 이 지상에서 몰살시키고 말 것이다." 그날 그들은 다음과 같이 결의했다. "우리를 공격하는 자가 있으면 안식일이라도 맞서서 싸우자. 그래야만 피신처에서 죽어 간 우리 형제들처럼 몰살당하는 일이 없을 것이다." (마카베오상 2:32-41)

그들이 산으로 도망한 후 안식일에 자신들을 방어하기로 결정한 것은 그 겨울의 역사적 결단이었다. 이제 요세푸스의 기록으로 가 보자. 그는 1세기에 살면서 이 신화적인 사건에 관해 다음과 같이 기록했다.

유다는 이와 같이 안티오쿠스 왕의 장군들에게 승리를 거두자 백성들을 모아 놓고 하나님께서 승리를 가져다 주셨으므로 예루살렘으로 올라가 성전을 정결케 하고 전통적인 제사를 드리는 것이 마땅하다고 말했다. 그가 전 백성들과 더불어 예루살렘에 올라와 보니 성전은 황폐해져 있었고 성전의 문은 불에 타버렸으며 정원은 오랫동안 돌보지 않아 잡목들이 무성하게 자라 있었다. 유다는 이러한 황폐한 성전의 모습을 보고 그의 백성들과 함께 슬퍼하였다. 그는 병사 몇 명을 선발하여 성전을 정결케 할 때까지 성채를 수비하고 있는 적과 계속하여 싸울 것을 지시하였다. 그리고 난 후 그는 성전을 정성껏 정결케 하고 촛대와 금으로 만든 제단 등과 같은 집기들을 새로 들여놓고 문에는 휘장을 달았으며 새로 문을 만들어 달았다. 그는 또한 전에 있던 제단을 치우고 정으로 다듬지 않은 각양각색의 돌로 새 제단을 만들었다. 키슬레브 월 25일(마케도니아인들은 아펠라이오스라고 부른다)에 유대인들은 촛대에 불을 켜고 제단에 향을 피우고 상에 떡을 차려놓은 후 새로 만든 제단에서 번제를 드렸다. 우연히도 이날은 3년 전 그들의 제사가 이방인들에 의해 타락되고 불경스럽게 변질되었던 날과 날짜가 같았다. 즉 성전이 폐허가 된 것은 제153차 올림피아드가 있었던 145년의 아펠라이오스 월 25일이었던 것이다. 그리고 성전이 다시 정결케 된 것은 제154차 올림피아드가 있었던 148년 아펠라이오스 월 25일이었다. 이와 같이 성전이 황폐화되리라는 것은 408년 전 다니엘이 예언한 바이다. 그는 마게도냐인들이 성전을 폐허로 만들 것이라고 예언하였던 것이다.

유다와 그의 백성들은 8일 동안 성전에서 다시 제사를 드리게 된 것을 마음껏 즐거워하였다. 유대인들은 많은 값비싼 제물로 하나님께 제사를 드렸으며 찬양과 악기로 하나님께 감사드리며 기뻐하였다. 유대인들은 오랜 시간이 흐른 뒤에야 비로소 그들 고유의 제사들 드릴 권리를 되찾은 것과 자신들의 전통이 부활된 것을 매우 기뻐하였으며, 후손들이 성전의 제사가 회복된 것을 8일 동안 축하하도록 하는 법을 제정하였다. 그 이후로 현재까지 이 축제는 지켜져 왔으며 이를 빛의 축제라 명명하였다.

예수님 당시에 살던 사람들은 다니엘서의 예언이 이미 200년 전 '하누카' 기간에 이루어진 것으로 여기고 있었다.

이제 1세기의 메시아 시대로 가서 세상 끝에 무슨 일이 일어날 것인지를 말하는 마태복음 24장을 다시 읽어 보자.

> 대답하여 이르시되 너희가 이 모든 것을 보지 못하느냐 내가 진실로 너희에게 이르노니 돌 하나도 돌 위에 남지 않고 다 무너뜨려지리라 예수께서 감람 산 위에 앉으셨을 때에 제자들이 조용히 와서 이르되 우리에게 이르소서 어느 때에 이런 일이 있겠사오며 또 주의 임하심과 세상 끝에는 무슨 징조가 있사오리이까 예수께서 대답하여 이르시되 너희가 사람의 미혹을 받지 않도록 주의하라 … 그 때에 사람들이 너희를 환난에 넘겨 주겠으며 너희를 죽이리니 너희가 내 이름 때문에 모든 민족에게 미움을 받으리라 그 때에 많은 사람이 실족하게 되어 서로 잡아 주고 서로 미워하겠으며 거짓 선지자가 많이 일어나 많은 사람을 미혹하겠으며 불법이 성하므로 많은 사람의 사랑이 식어지리라 (마 24:2-4, 9-12)

제자들은 마음속으로 '하누카'의 사건들이 전부 반복되는 것을 보고 있었다. 그것은 그리스적 사고방식을 가진 유대인들이 종교적인 유대인들과 엮이지 않으려고 하면서 글자 그대로 역사적으로 성취된 일이었기 때문이다. 그들은 서로 증오하면서 싸웠다. 예수님은 계속 말씀하셨다.

> 그러므로 너희가 선지자 다니엘이 말한 바 멸망의 가증한 것이 거룩한 곳에 선 것을 보거든 (읽는 자는 깨달을진저) 그 때에 유대에 있는 자들은 산으로 도망할지어다 지붕 위에 있는 자는 집 안에 있는 물건을 가지러 내려 가지 말며 밭에 있는 자는 겉옷을 가지러 뒤로 돌이키지 말지어다 (마 24:15-18)

제자들은 속으로 '정확하게 200년 전에 일어났던 사건이 또다시 일어날 것이라니!' 라고 생각하며 놀랐다.

한술 더 떠서 예수님은 그들에게 도망하는 일이 겨울이나 안식일이 되지 않도록 기도하라(마 24:20-21)고 하셨다. '하누카' 절기가 겨울에 제정되었으며, 당시 유대인들이 안식일에 안티오쿠스의 군대와 맞서 싸우는 것을 거절하고 죽었다는 사실을 기억하라. 제자들이 왜 예수님께서 '하누카'의 사건들이 또다시 일어날 것처럼 말씀하신다고 느꼈는지 알겠는가? 믿는 자들이 '하누카'의 역사를 이해하지 않는다면, 마지막 때에 대해서도 제대로 알지 못할 것이다!

나는 종종 안티오쿠스 에피파네스의 '하누카'와 에스더서에 나오는 하만의 '부림' 사이에 어떤 차이점이 있는지 아냐고 사람들에게 묻는다. 하만은 당시 정부에 순종하느냐에 관계없이, 유대 민족을 완전히 진멸하려고 했다. 단지 전부 죽이는 것이 그의 계획이었다. 여기서 하만은 분명히 사탄을 나타낸다. 반면, 안티오쿠스는 동화정책을 펼쳤을 뿐 학살을 원했던 것은 아니다. 물론, 동화되지 않으려는 사람들을 죽이긴 했으나 그의 목표는 진멸이 아니라 동화였다.

나는 적그리스도가 안티오쿠스와 같이 될 수는 있어도 하만과 같지는 않을 것이라고 믿는다. 그래서 많은 사람들이 미혹 당하게 될 것이다. 믿지 않는 자들은 이미 속고 있다. 현재 일부 기독교인들이 동화되어 알라와 성경의 하나님이 동일하다고 믿는 '크리슬람'(크리스천과 이슬람의 합성어)이 되고 있다. 이슬람의 알라에게는 아들이 없다. 그렇다면 어떻게 예수님을 믿는 사람들이 그들과 똑같다고 생각할 수 있겠는가?

교회는 너무 타협적이었으며 값싼 은혜, 또는 거짓 은혜의 교훈으로 속여 왔다. 그래서 그들의 과거, 현재, 미래의 모든 죄가 용서받았으므로, 그들이 원하는 모든 죄를 지을 수 있다는 주장을 고수한다. 그들은 우상에게 절하는 데 아무런 문제가 없다. 필요할 때마다 주머니에서 예수를 끄집어내기만 하면 되기 때문이다. 결국 구약 율법의 모든 내용들은 완전히 제거되었다! 이것과 관련하여 그들의 관점을 바꿔 줄 신약의 한 단락을 제시한다.

> 불법의 비밀이 이미 활동하였으나 지금은 그것을 막는 자가 있어 그 중에서 옮겨질 때까지 하리라 그 때에 불법한 자가 나타나리니 주 예수께서 그 입의 기운으로 그를 죽이시고 강림하여 나타나심으로 폐하시리라 악한 자의 나타남은 사탄의 활동을 따라 모든 능력과 표적과 거짓 기적과 (살후 2:7-9)

여기서 '악한 자'라는 단어가 '법이 결여된' 또는 '무법'이라는 의미의 그리스어 '아노모스'에서 왔다는 사실을 아는가? 그러므로 악한 자는 또한 불법의 사람이다. 바울이 말하는 법은 무엇인가? 그는 미합중국이나 이란 또는 라스베가스의 법률에 대해 말하지 않았다. 적그리스도는 토라, 곧 모세의 율법, 살아가는 방법에 관한 하나님의 계명들에 반대한다. 이 단락은 계속해서 불법의 사람이 진리를 사랑하지 않는 사람들을 속일 것이라고 말한다. 그래서 하나님은 그들에게 "미혹의 역사"를 보내셔서 "거짓 것을 믿게" 하심으로 구원을 받지 못하게 하셨다(살후 2:9-12).

블러드문 – 임박한 하늘의 징조

많은 사람들이 나에게 "이제 블러드문이 지나간 다음에는 어떻게 됩니까?"라고 묻는다. 그들은 나의 책 《블러드문》에 대해 말하는 것이다. 나는 그 책에서 2014년과 2015년의 월식들을 성경의 절기들과 연결시켜서 역사 전반에 걸쳐 다른 연도들도 살펴보았다. 그런데 사람들은 나의 이론이 전부 틀렸다고 말한다. 이것에 대해 내가 말하고 싶은 것은 다음과 같다.

첫째, 그것은 '이론'이 아니었다. 그 월식들의 발생은 실제였지 이론이 아니었다. 또한 이 특별한 월식들이 성경의 절기들에 일어났다는 것도 분명한 '사실'이다. 나사(NASA)는 월식들이 언제 발생할지에 대한 이론이 아니라 생생한 자료들을 갖고 있다. 나는 월식을 조종하지 않는다. 그리고 성경의 달력도 조정하지 않는다. 성경은 분명하게 하나님께서 징조들을 위해 해와 달을 창조하셨다고 말한다(창 1:14). 나는 성경을 쓰지 않았다. 그리고 성경적으로 중요하고 의미 있는 역사적 사건들이 절기에 발생하는 월식 중에 또는 그즈음에 일어난 것은 '사실'이지 이론이 아니다. 내가 이 모든 역사를 쓴 것이 아니다.

이러한 사실들에 기초해서 내가 말했던 것은 역사적인 유형들이 사실이 될 가능성이 높다는 것이며, 이것을 근거로 2014년과 2015년 무렵에 일어날 일들을 추리할 수 있었던 것이다. 나는 다른 사람들이 했던 것처럼 날짜를 특정하지 않았다. 아마도 발생할 수 있을 것이라고 말했던 것은 이스라엘과의 전쟁이었고, 그것은 실제로 2014년의 4월과 10월의 블러드문 사이에 일어났다. 그리고 나는 여전히 더 큰 중동전쟁이 터질 수 있다고 믿는다.

나는 하나님께서 임박한 사건들에 관하여 인류에게 경고하시는 징조로서 해와 달을 사용하신다는 과학적·역사적·성서적 증거를 제시하였다! 큰 고속도로의 다리가 끊어졌을 때, 도로 관리국은 경고 표지판을 다리가 끊어진 자리에 두지 않고 적어도 1마일 앞에 둔다. 나는 2014년과 2015년에 우리가 하늘로부터 받은 경고들이 앞으로의 해들뿐만 아니라 2016년과 그 이후에 대한 것이라고 믿는다.

이슬람 국가(ISIS)의 봉기, 에볼라의 창궐, 가자 지구의 전투, 그 외의 사소한 것들과 함께 그때까지 드러난 것들을 보라. 2014-2015년의 블러드문 이래로 우리는 파리에서부터 캘리포니아의 샌버나디노까지, 그리고 이스라엘 시가지에 대한 3천여 회 이상의 테러 공격으로 희생의 피가 증가하는 것을 보고 있다. 우리는 올해 1월에 시작된 경제적 침체와 사우

디아라비아와 이란에서 고조되는 중동전쟁의 가능성을 보고 있다. 그렇다면 다음은 무엇이겠는가?

나는 당신이 하나님의 달력과 그분의 신성한 약속시간을 지킴으로 아브라함과 이삭과 야곱의 하나님의 손을 잡고 동행하는 것의 중요성을 알게 되기를 원한다. 앞서거나 뒤처지지 않고, 노아, 에녹, 아브라함 그리고 많은 믿음의 선조들처럼 이스라엘의 전능하신 분과 동행하기를 바란다!

부록 1)

기독교인을 위한 유월절 '세데르'(예식서)

너희는 이 날을 기념하여 여호와의 절기를 삼아 영원한 규례로 대대로 지킬지니라 (출 12:14)

또 떡을 가져 감사 기도 하시고 떼어 그들에게 주시며 이르시되 이것은 너희를 위하여 주는 내 몸이라 너희가 이를 행하여 나를 기념하라 하시고 (눅 22:19)

소개

　약속된 시간에 우리가 여기 있다는 것은 참으로 신나는 일이다. 유월절은 단지 우리가 지키겠다고 결심하는 것이 아니라 온 세상을 창조하신 분께서 우리에게 행하라고 명하신 일이다. 당신도 우리가 그분의 요구를 존중해야 한다고 생각하는가?

　유월절 기간 중에 우리는 역사의 한 부분이 될 것이다. 우리는 3,500년을 거슬러 올라가는 하나의 고리로 한 번 더 연결될 것이다. '세데르'라는 단어는 '순서'를 의미한다. 2천 년 넘게 구원의 이야기에는 특별한 순서가 있었다. 이 유월절 '세데르'를 통해 우리는 가장 극적인 방식으로 구원의 이야기를 할 것이다. 우리는 애굽에서의 원조 유월절부터 최후의 만찬으로 알려져 있는 메시아의 유월절, 그리고 우리의 유월절까지 유람할 것이다.

　이 절기를 지키는 만큼 하나님의 손길이 우리 위에 임하여 이 세 가지 유월절 모두가 함께 합쳐지는 것을 볼 것이다.

카데쉬(축복/성별)

시작하는 시간은 기도로 성별된다. 우리는 각자 자신이 애굽 사람들의 노예였다가 구원받았다고 간주한다. 마치 오늘 밤이 애굽에서 막 탈출하려는 날인 것처럼 생각한다.

절기용 초에 점화하기

모두가 촛대를 향해 일어서고 그 집의 여주인이 왼쪽에서 오른쪽으로 '메노라'(촛대)에 불을 붙일 때 다음과 같이 축복한다.

여성)

바룩 아타 아도나이 엘로헤이누 멜렉 하올람, 아쉐르 키드샤누 베미쯔보타브 붸찌바누 레하들릭 네르 쉘 욤 토브.

모두 함께)

오, 여호와 우리 하나님, 온 세상의 왕, 당신의 말씀으로 우리를 구별하시고 우리에게 절기의 불을 밝히라고 명령하신 분, 당신을 찬양합니다.

쉐헤헤야누(그분이 우리를 후원하신다)[1]

이 기도를 함으로써 예식 시간이 성별된다.

---

1) 여기서 '후원하다'의 의미는 '부양하다', 즉 '먹여 살리신다'는 뜻이다(역자 주).

모두 함께)

바룩 아타 아도나이 엘로헤이누 멜렉 하올람, 쉐헤케야누 베키야마누 베히기야누 라즈만 하제.

모두 함께)

여호와 우리 하나님, 온 세상의 왕, 우리를 먹이시고 지키시고 이 시간에 이르도록 하신 분, 당신을 찬양합니다.

아미다(서서 하는 기도)

이 기도는 2,400년 되었으며, 하루에 세 번 낭송된다. 예수님의 제자들이 다락방에서 이 기도를 할 때 주님이 나타나셨다.

모두 함께)

오 주님, 당신은 영원히 전능하시며 죽은 자들을 살리십니다. 당신께는 구원하실 힘이 있습니다. 당신은 인애로 산 자들을 붙드십니다. 당신은 큰 긍휼로 죽은 자들을 살리십니다. 당신은 넘어진 자를 붙드시고, 병든 자를 고치시며, 매인 자를 놓으시고, 티끌 가운데 잠든 자들의 믿음을 지키십니다. 오, 위대한 일을 행하시는 분이시여, 누가 당신과 같겠습니까? 죽이기도 하시고 살리기도 하시며 번성케도 하시는 왕, 누가 당신과 비교될 수 있겠습니까? 그러므로 당신은 분명히 죽은 자들을 살리십니다. 오, 주님, 죽은 자들을 살리시는 분, 당신을 찬양합니다. 하나님께서 창조하실 때에 빛을 비추라 명령하셨던 것처럼, 우리 삶의 어두운 부분에 주님의 빛을 비춰 주옵소서.

(모두 함께)

우리는 우리를 전파하는 것이 아니라 오직 그리스도 예수의 주 되신 것과 또 예수를 위하여 우리가 너희의 종 된 것을 전파함이라 어두운 데에 빛이 비치라 말씀하셨던 그 하나님께서 예수 그리스도의 얼굴에 있는 하나님의 영광을 아는 빛을 우리 마음에 비추셨느니라 (고후 4:5-6)

쇼파르 불기

시내 산에서 '쇼파르' 소리가 울려 퍼졌을 때, 그것을 하나님의 음성이라고 말했다. 우리는 하나님의 음성 듣는 법을 배우기 위해 '쇼파르'를 분다.

셋째 날 아침에 우레와 번개와 빽빽한 구름이 산 위에 있고 나팔(쇼파르) 소리가 매우 크게 들리니 진중에 있는 모든 백성이 다 떨더라 모세가 하나님을 맞으려고 백성을 거느리고 진에서 나오매 그들이 산 기슭에 서 있는데 시내 산에 연기가 자욱하니 여호와께서 불 가운데서 거기 강림하심이라 그 연기가 옹기 가마 연기 같이 떠오르고 온 산이 크게 진동하며 나팔(쇼파르) 소리가 점점 커질 때에 모세가 말한즉 하나님이 음성으로 대답하시더라 (출 19:16-19)

* 모두 앉아도 된다.

세데르(예식 순서)

| 카데쉬 | 축복-예식 시간의 성별(첫 번째 잔을 마심) |

우르하츠	정결, 상징적으로 손을 씻음
카르파스	파슬리를 소금물에 찍어서 먹음
야하츠	'마짜'를 쪼갠 후 가운데 부분의 일부를 숨김
마기드	'하가다', 또는 구원의 이야기를 하고 네 가지 질문하기
로흐짜	식사 전에 손 씻기(두 번째 잔을 마심)
모찌	빵을 부수기 전에 하는 전통적인 축복(감사기도)
마짜	빵을 위한 축복(감사기도)
마로르	쓴 나물에 대한 축복(감사기도)
코렉	'마짜', 쓴 나물, 그리고 '하로셋'으로 샌드위치를 만듦
슐한 오렉	유월절 식사
짜푼	숨겨 놓았던 마짜 조각을 찾아서 먹기(세 번째 잔을 마심)
바렉	식사 후의 축복(감사기도)
할렐	찬양의 노래, 시편에서 고른 것 읽기
니르짜	받아들여짐(네 번째 잔을 마심, 원할 경우 다섯 번째 잔을 마심)

두 개의 서두를 가진 유월절 이야기

영적: 우리는 영적인 노예 상태였다.

여호수아가 모든 백성에게 이르되 이스라엘의 하나님 여호와께서 이같이 말씀하시기를 옛적에 너희의 조상들 곧 아브라함의 아버지, 나홀의 아버지 데라가 강 저

쪽에 거주하여 다른 신들을 섬겼으나 (수 24:2)

육체적: 형제들의 증오가 그들을 육체적 노예 상태로 이끌었다.

그 때에 미디안 사람 상인들이 지나가고 있는지라 형들이 요셉을 구덩이에서 끌어 올리고 은 이십에 그를 이스마엘 사람들에게 팔매 그 상인들이 요셉을 데리고 애굽으로 갔더라 (창 37:28)

우리가 유월절 '세데르'를 주목해야 하는 이유

그들에게 일어난 이런 일은 본보기가 되고 또한 말세를 만난 우리를 깨우치기 위하여 기록되었느니라 (고전 10:11)

네 가지 유형의 아이들

순진한 아이

너는 그 날에 네 아들에게 보여 이르기를 이 예식은 내가 애굽에서 나올 때에 여호와께서 나를 위하여 행하신 일로 말미암음이라 하고 (출 13:8)

순진한 아이에게 성경은 닫혀 있는 책으로 누군가 열어서 구원에 관계된 것을 설명해 주기를 기다리고 있다.

평범한 아이

후일에 네 아들이 네게 묻기를 이것이 어찌 됨이냐 하거든 너는 그에게 이르기를

여호와께서 그 손의 권능으로 우리를 애굽에서 곧 종이 되었던 집에서 인도하여
내실새 (출 13:14)

평범한 아이에게 하나님의 말씀은 열려 있는 책이다. 왜냐하면 그 아이는 질문을 하면서 해답을 찾고 있기 때문이다.

지혜로운 아이

후일에 네 아들이 네게 묻기를 우리 하나님 여호와께서 명령하신 증거와 규례와 법도가 무슨 뜻이냐 하거든 너는 네 아들에게 이르기를 우리가 옛적에 애굽에서 바로의 종이 되었더니 여호와께서 권능의 손으로 우리를 애굽에서 인도하여 내셨나니 (신 6:20-21)

지혜로운 아이는 항상 더 깊은 의미를 찾고 있으므로 토라를 읽히고 공부시켜야 한다.

악한 아이

이 후에 너희의 자녀가 묻기를 이 예식이 무슨 뜻이냐 하거든 너희는 이르기를 이는 여호와의 유월절 제사라 여호와께서 애굽 사람에게 재앙을 내리실 때에 애굽에 있는 이스라엘 자손의 집을 넘으사 우리의 집을 구원하셨느니라 하라 하매 백성이 머리 숙여 경배하니라 (출 12:26-27)

유월절 전승들은 악한 아이에 대해 분개한다. 토라와의 관계가 단절되었기 때문이다.

네 개의 잔

네 개의 잔은 구원의 네 단계를 나타내는데, 다음 구절에 근거한다.

> 그러므로 이스라엘 자손에게 말하기를 나는 여호와라 내가 애굽 사람의 무거운 짐 밑에서 너희를 빼내며 그들의 노역에서 너희를 건지며 편 팔과 여러 큰 심판들로써 너희를 속량하여 너희를 내 백성으로 삼고 나는 너희의 하나님이 되리니 나는 애굽 사람의 무거운 짐 밑에서 너희를 빼낸 너희의 하나님 여호와인 줄 너희가 알지라 (출 6:6-7)

구별함 – 주님이 당신을 선택하셨다. 당신은 구별되었다. 그분이 당신의 짐을 들어 올리셨다.

건져냄 – 짐은 들어 올려졌지만, 여전히 속박되어 있던 당신의 사슬을 주님께서 끊으셨다.

속량함 – 짐이 들어 올려지고 사슬은 끊어졌지만, 여전히 애굽에 있던 당신을 위해 대가가 지불되었다. 이제 당신은 자유롭게 갈 수 있다!

인정함 – 주님은 당신을 그분의 백성으로 삼으셨다. 당신은 주님과 관계를 맺게 되었고, 그분은 당신의 하나님이 되실 것이다.

> 이에 잔을 받으사 감사 기도하시고 이르시되 이것을 갖다가 너희끼리 나누라 (눅 22:17)

네 개의 잔에 대한 설명

< 첫 번째 잔 : 키두쉬 - 성별의 잔 >

우리의 첫걸음은 자기 자신을 구별하는 것이다.

* 인도자 혹은 가장이 포도즙 또는 포도주를 잔에 채우는 동안 모두 일어선다.

모두 함께)
바룩 아타 아도나이 엘로헤이누 멜렉 하 올람, 보레 페리 하가펜 아멘.

모두 함께)
여호와 우리의 하나님, 온 세상의 왕, 포도 열매를 창조하신 분,
당신을 찬양합니다, 아멘.

* 다 함께 마신다.

모두 함께)
예수님, 저를 이 세상의 멍에에서, 그 모든 짐과 걱정에서 해방시켜 주소서.

✽ 이스라엘 민족을 위한 기도

인도자)
예루살렘을 위하여 평안을 구하라 예루살렘을 사랑하는 자는 형통하리로다 네

성 안에는 평안이 있고 네 궁중에는 형통함이 있을지어다 내가 내 형제와 친구를 위하여 이제 말하리니 네 가운데에 평안이 있을지어다 (시 122:6-8)

* 인도자를 제외하고 모두 앉는다.

✱ 우르하츠(정결예식)

인도자는 회중을 위해 일어설 수 있으며 손 위에 물을 부어서 자기 손을 씻고 말린다.

여호와의 산에 오를 자가 누구며 그의 거룩한 곳에 설 자가 누구인가 곧 손이 깨끗하며 마음이 청결하며 뜻을 허탄한 데에 두지 아니하며 거짓 맹세하지 아니하는 자로다 (시 24:3-4)

✱ 카르파스(파슬리)

문설주의 우슬초를 상징하는 파슬리를 애굽 노예 생활에서 흘린 눈물을 상징하는 소금물에 찍는다.

모두 함께)
바룩 아타 아도나이 엘로헤이누 멜렉 하올람, 보레 페리 하아다마.

모두 함께)
여호와 하나님, 온 세상의 왕, 땅의 소산을 창조하신 분, 당신을 찬양합니다. 아멘.

파슬리를 소금물에 찍어 먹는다.

* 모두 앉는다.

✱ 여호와의 절기들

이스라엘 자손에게 말하여 이르라 이것이 나의 절기들이니 너희가 성회로 공포할 여호와의 절기들이니라 (레 23:2)

절기들은 약속시간을 의미하며 예행연습을 하는 시간이다.

이것이 너희가 그 정한 때에 성회로 공포할 여호와의 절기들이니라 첫째 달 열나흗날 저녁은 여호와의 유월절이요 이 달 열닷샛날은 여호와의 무교절이니 이레 동안 너희는 무교병을 먹을 것이요 그 첫 날에는 너희가 성회로 모이고 아무 노동도 하지 말지며 (레 23:4-7)

✱ 베디카트 하메즈(누룩 없애기 - 춘계 대청소)

이레 동안에는 무교병을 먹고 유교병을 네게 보이지 아니하게 하며 네 땅에서 누룩을 네게 보이지 아니하게 하라 너는 그 날에 네 아들에게 보여 이르기를 이 예식은 내가 애굽에서 나올 때에 여호와께서 나를 위하여 행하신 일로 말미암음이라 하고 이것으로 네 손의 기호와 네 미간의 표를 삼고 여호와의 율법이 네 입에 있게 하라 이는 여호와께서 강하신 손으로 너를 애굽에서 인도하여 내셨음이니 해마다 절기가 되면 이 규례를 지킬지니라 (출 13:7-10)

온 가족이 나무 수저, 깃털, 초, 그리고 무명천으로 빵 부스러기를 찾음으로써 누룩을 제거하는 상징적인 통과의례에 참여한다.

초: 여호와의 말씀

주의 말씀은 내 발에 등이요 내 길에 빛이니이다 (시 119:105)

깃털: 성령

그가 너를 그의 깃으로 덮으시리니 네가 그의 날개 아래에 피하리로다 (시 91:4)

나무 수저: 십자가

사람이 만일 죽을 죄를 범하므로 네가 그를 죽여 나무 위에 달거든 (신 21:22)

누룩: 죄, 잘못된 교훈

예수께서 이르시되 삼가 바리새인과 사두개인들의 누룩을 주의하라 하시니 (마 16:6)

무명천: 메시아를 장사 지낸 천

요셉이 세마포를 사서 예수를 내려다가 그것으로 싸서 바위 속에 판 무덤에 넣어 두고 돌을 굴려 무덤 문에 놓으매 (막 15:46)

밖으로 가져가 태우기: 진 밖에서 희생되심

그런즉 우리도 그의 치욕을 짊어지고 영문 밖으로 그에게 나아가자 (히 13:13)

축복(감사기도): 누룩 없애기

모두 함께)

바룩 아타 아도나이 엘로헤이누 멜렉 하올람, 아쉐르 키드쉐누 베미쯔보타브 붸찌바누 알 부이르 카메쯔.

모두 함께)

여호와 우리 하나님, 온 세상의 왕, 우리를 그 계명들로 구별하시고 누룩을 없애라고 우리에게 명령하신 분, 당신을 찬양합니다.

예수님이 아버지를 도와 그 집에서 누룩을 제거하셨던 일을 상기시킨다.

> 유대인의 유월절이 가까운지라 예수께서 예루살렘으로 올라가셨더니 성전 안에서 소와 양과 비둘기 파는 사람들과 돈 바꾸는 사람들이 앉아 있는 것을 보시고 노끈으로 채찍을 만드사 양이나 소를 다 성전에서 내쫓으시고 돈 바꾸는 사람들의 돈을 쏟으시며 상을 엎으시고 비둘기 파는 사람들에게 이르시되 이것을 여기서 가져가라 내 아버지의 집으로 장사하는 집을 만들지 말라 하시니 (요 2:13-16)

우리는 또한 우리 육신의 집에서 영적인 누룩을 제거할 필요가 있다.

> 또한 모세는 장래에 말할 것을 증언하기 위하여 하나님의 온 집에서 종으로서 신실하였고 그리스도는 하나님의 집을 맡은 아들로서 그와 같이 하셨으니 우리가 소망의 확신과 자랑을 끝까지 굳게 잡고 있으면 우리는 그의 집이라 그러므로 성령이 이르신 바와 같이 오늘 너희가 그의 음성을 듣거든 광야에서 시험하던 날에 거역하던 것 같이 너희 마음을 완고하게 하지 말라 거기서 너희 열조가 나를 시험하여 증험하고 사십 년 동안 나의 행사를 보았느니라 (히 3:5-9)

※ 영적인 누룩 없애기

> 너희가 자랑하는 것이 옳지 아니하도다 적은 누룩이 온 덩이에 퍼지는 것을 알지 못하느냐 너희는 누룩 없는 자인데 새 덩어리가 되기 위하여 묵은 누룩을 내버리라 우리의 유월절 양 곧 그리스도께서 희생되셨느니라 이러므로 우리가 명절을 지키되 묵은 누룩으로도 말고 악하고 악의에 찬 누룩으로도 말고 누룩이 없이 오직 순전함과 진실함의 떡으로 하자 (고전 5:6-8)

> 하나님이여 나를 살피사 내 마음을 아시며 나를 시험하사 내 뜻을 아옵소서 내게 무슨 악한 행위가 있나 보시고 나를 영원한 길로 인도하소서 (시 139:23-24)

※ 야하츠(아피코만 쪼개기)

인도자가 마짜의 중간을 두 부분으로 쪼개는데, 한쪽을 다른 쪽보다 더 크게 쪼갠다. 큰 부분을 아피코만 주머니(냅킨)에 넣는 동안 작은 부분은 돌려준다. 아피코만을 어깨에 메고 "우리는 애굽에서 벗어났다!"라고 말한다. 아피코만을 아이들 모르게 감춘다.

> 그 백성이 발교되지 못한 반죽 담은 그릇을 옷에 싸서 어깨에 메니라 (출 12:34)

> 또 떡을 가져 감사 기도하시고 떼어 그들에게 주시며 이르시되 이것은 너희를 위하여 주는 내 몸이라 너희가 이를 행하여 나를 기념하라 하시고 (눅 22:19)

인도자가 마짜가 어떻게 제거되고, 구멍이 뚫리고, 태워지는지 보여 준다. 죄가 없으신 예수님이 어떻게 세마포 천에 싸여서 장사되셨는지 말해 준다.

✱ 마기드: 유월절 이야기 전하기

너는 바로에게 이르기를 여호와의 말씀에 이스라엘은 내 아들 내 장자라 내가 네게 이르기를 내 아들을 보내 주어 나를 섬기게 하라 하여도 네가 보내 주기를 거절하니 내가 네 아들 네 장자를 죽이리라 하셨다 하라 하시니라 (출 4:22-23)

✱ 네 가지 질문들

네 명의 아이들이 묻는다.

왜 다른 날 밤에는 유교병이나 무교병을 자유롭게 먹으면서, 오늘 밤에는 오직 무교병을 먹나요?

왜 다른 날 밤에는 모든 종류의 채소들을 먹으면서, 오늘 밤에는 오직 쓴 나물을 먹나요?

왜 다른 날 밤에는 마짜를 적셔서 먹지 않는데, 오늘 밤에는 그렇게 하나요?

왜 다른 날 밤에는 앉아서 먹는데, 오늘 밤에는 비스듬히 눕나요?

예수의 제자 중 하나 곧 그가 사랑하시는 자가 예수의 품에 의지하여 누웠는지라 시몬 베드로가 머릿짓을 하여 말하되 말씀하신 자가 누구인지 말하라 하니 그가 예수의 가슴에 그대로 의지하여 말하되 주여 누구니이까 예수께서 대답하시되 내가 떡 한 조각을 적셔다 주는 자가 그니라 하시고 곧 한 조각을 적셔서 가룟 시몬의 아들 유다에게 주시니 (요 13:23-26)

✱ 네 가지 질문들에 대한 답변

오늘 밤은 다릅니다. 왜냐하면 출애굽기에 기록된 대로 유월절 이야기를 전하는 것이 바로 오늘 밤이기 때문입니다. 만약 하나님께서 우리 조상들을 애굽의 노예 상태에서 구원해 주시지 않았더라면, 오늘날 우리는 여전히 노예일 것입니다. 우리는 이제 우리를 구원해 주신 하나님께 감사합니다! 우리는 애굽 사람들을 섬기는 노예 생활의 쓴맛을 상기시키기 위해 쓴 나물을 먹습니다. 그리고 우리는 하나님을 섬기는 그 달콤함을 기억합니다. 우리는 마짜를 쓴 나물에 찍어서 먹음으로 유월절의 참모습들을 내면화할 필요가 있음을 우리 자신에게 상기시킵니다. 우리는 비스듬히 눕습니다. 왜냐하면 이제 우리가 자유인이기 때문입니다. 노예는 서서 먹어야 합니다.

* 열 가지 재앙 열거하기

내가 그 밤에 애굽 땅에 두루 다니며 사람이나 짐승을 막론하고 애굽 땅에 있는 모든 처음 난 것을 다 치고 애굽의 모든 신을 내가 심판하리라 나는 여호와라

(출 12:12)

* 애굽의 신들과 그에 대응하는 재앙들

하피: 나일 강의 신
- 나일 강의 연례적인 범람을 하피가 온 것으로 믿었음
- 나일 강이 피로 변한 것은 하피의 죽음을 상징

헤케트: 번성을 상징하는 개구리 여신
- 애굽 사람들은 나일 강 어디에서나 수많은 개구리들이 나타나는 것을 보았기 때문에 그들은 개구리가 번영과 부활에 관계가 있다고 여김
- 하나님이 애굽 전체를 개구리로 덮어 버리심

게브: 땅의 신
- 지진을 게브 신의 웃음 때문이라고 믿었음
- 하나님께서 땅의 먼지를 이로 변하게 하심

슈: 공기, 바람 그리고 기후의 신
- 슈가 하늘이 떠 있도록 붙잡고 있으며, 그의 숨으로 생명이 유지된다고 믿음
- 하나님께서 파리 떼를 보내심

아피스: 신이 황소의 몸을 입었다고 믿음
- 황소는 왕의 담대한 마음, 위대한 힘, 생식 능력, 그리고 호전성을 상징했음
- 하나님께서 가축을 죽게 하심

헤카: 주술사와 의사의 신
- 애굽 사람들에게는 마술사가 의사와 같았고, 헤카는 주술 재료와 칼과 치료의 도구를 운반하는 사람이었음
- 하나님께서 백성들에게 종기를 발하게 하심

누트: 궁창의 신
- 누트가 사람들을 하늘(의 위험으)로부터 보호한다고 믿었음
- 하나님께서 우박을 내리심

민: 추수와 식물의 신
- 애굽 사람들은 곡식을 보호해 주는 민을 위한 축제와 봄 추수를 기념했음
- 하나님께서 메뚜기를 통해 곡식들을 싹 쓸어 버리심

라아: 애굽의 태양 신

– 라아가 생명을 가져온다고 믿음

– 하나님께서 흑암이 임하게 하심

아몬-라아: 양의 모습을 한 신

– 아몬-라아가 사람을 창조한 것으로 믿음

– 하나님께서 사람의 장자를 죽이심

✱ 열 가지 재앙 열거하기

포도즙은 피와 애굽 신들의 죽음을 나타낸다. 식탁에 앉은 모든 사람은 각 재앙을 언급할 때 손가락을 포도즙에 찍은 후 냅킨에 댄다.

모두 함께)

– 피

– 개구리들

– 이

– 파리 떼

– 가축의 전염병

– 종기

– 우박

– 메뚜기 떼

– 흑암

– 장자의 죽음

그들이 첫째 달 열다섯째 날에 라암셋을 떠났으니 곧 유월절 다음 날이라 이스라엘 자손이 애굽 모든 사람의 목전에서 큰 권능으로 나왔으니 애굽인은 여호와께서 그들 중에 치신 그 모든 장자를 장사하는 때라 여호와께서 그들의 신들에게도 벌을 주셨더라 (민 33:3-4)

✱ 다예누(만족합니다)

'다예누'는 유월절에 부르는 전통적인 노래로, 우리를 구원하신 하나님께 기쁨과 감사를 올려 드리는 것이다. 우리는 다음과 같은 말로 그분께 감사드린다. "다예누!"(만족합니다)

하나님께서 우리를 애굽에서 건져 주셨다면,
그들을 심판하지 않으셨어도
그것으로 만족했을 것입니다! 다예누!

하나님께서 그들을 심판하셨다면,
그들의 우상을 멸하지 않으셨어도
그것으로 만족했을 것입니다! 다예누!

하나님께서 그들의 우상을 멸하셨다면,
그들의 장자를 죽이지 않으셨어도
그것으로 만족했을 것입니다! 다예누!

하나님께서 그들의 장자를 죽이셨다면,
우리에게 그들의 재물을 주지 않으셨어도
그것으로 만족했을 것입니다! 다예누!

하나님께서 우리에게 그들의 재물을 주셨다면,
우리를 위해 홍해를 가르지 않으셨어도
그것으로 만족했을 것입니다! 다예누!

하나님께서 우리를 위해 홍해를 가르셨다면,
우리가 마른 땅을 통과하도록 이끌지 않으셨어도
그것으로 만족했을 것입니다! 다예누!

하나님께서 우리가 마른 땅을 통과하도록 이끄셨다면,
우리의 압제자들을 그 물에 빠뜨리지 않으셨어도
그것으로 만족했을 것입니다! 다예누!

하나님께서 우리의 압제자들을 그 물에 빠뜨리셨다면,
우리를 40년 동안 광야에서 지키지 않으셨어도
그것으로 만족했을 것입니다! 다예누!

하나님께서 우리를 40년 동안 광야에서 지키셨다면,
우리를 만나로 먹이지 않으셨어도
그것으로 만족했을 것입니다! 다예누!

하나님께서 우리를 만나로 먹이셨다면,
우리에게 안식일을 주지 않으셨어도
그것으로 만족했을 것입니다! 다예누!

하나님께서 우리에게 안식일을 주셨다면,
우리를 시내 산으로 이끌지 않으셨어도
그것으로 만족했을 것입니다! 다예누!

하나님께서 우리를 시내 산으로 이끄셨다면,
우리에게 토라를 주지 않으셨어도
그것으로 만족했을 것입니다! 다예누!

하나님께서 우리에게 토라를 주셨다면,
우리에게 이스라엘 땅을 주지 않으셨어도
그것으로 만족했을 것입니다! 다예누!

하나님께서 우리에게 이스라엘 땅을 주셨다면,
우리에게 성전을 지어 주지 않으셨어도
그것으로 만족했을 것입니다! 다예누!

* '세데르' 상차림

　정강이 뼈 : 우리를 위해 죽임 당한 어린 양을 나타낸다.

　쓴 나물들 : 속박의 쓰라림을 상징한다.

하로셋 : 구원의 달콤함을 나타낸다.

구운(삶은) 계란 : 같은 날 두 번이나 파괴된 성전을 나타낸다.

파슬리 : 대접에 담긴 피에 적신 우슬초를 나타낸다.

이제는 예수님이 어떻게 우리를 구원하셨는지 구원의 이야기들을 연결해서 전달한다.

유월절 엿새 전에 예수께서 베다니에 이르시니 이 곳은 예수께서 죽은 자 가운데서 살리신 나사로가 있는 곳이라 거기서 예수를 위하여 잔치할새 마르다는 일을 하고 나사로는 예수와 함께 앉은 자 중에 있더라 (요 12:1-2)

이날은 니산 월 8일이다.

그 이튿날에는 명절에 온 큰 무리가 예수께서 예루살렘으로 오신다는 것을 듣고 종려나무 가지를 가지고 맞으러 나가 외치되 호산나 찬송하리로다 주의 이름으로 오시는 이 곧 이스라엘의 왕이시여 하더라 예수는 한 어린 나귀를 보고 타시니 이는 기록된 바 시온 딸아 두려워하지 말라 보라 너의 왕이 나귀 새끼를 타고 오신다 함과 같더라 (요 12:12-15)

너희는 이스라엘 온 회중에게 말하여 이르라 이 달 열흘에 너희 각자가 어린 양을 취할지니 각 가족대로 그 식구를 위하여 어린 양을 취하되 그 어린 양에 대하여 식구가 너무 적으면 그 집의 이웃과 함께 사람 수를 따라서 하나를 취하며 각 사람이 먹을 수 있는 분량에 따라서 너희 어린 양을 계산할 것이며 너희 어린 양은 흠 없고 일 년 된 수컷으로 하되 양이나 염소 중에서 취하고 이 달 열나흗날까지 간직하였다가 해 질 때에 이스라엘 회중이 그 양을 잡고 (출 12:3-6)

예루살렘아 예루살렘아 선지자들을 죽이고 네게 파송된 자들을 돌로 치는 자여 암탉이 제 새끼를 날개 아래에 모음 같이 내가 너희의 자녀를 모으려 한 일이 몇 번이냐 그러나 너희가 원하지 아니하였도다 (눅 13:34-35)

✽ 양 조사하기

대제사장들과 온 공회가 예수를 죽이려고 그를 칠 거짓 증거를 찾으매 거짓 증인이 많이 왔으나 얻지 못하더니 후에 두 사람이 와서 이르되 이 사람의 말이 내가 하나님의 성전을 헐고 사흘 동안에 지을 수 있다 하더라 하니 (마 26:59-61)

빌라도가 대제사장들과 관리들과 백성을 불러 모으고 이르되 너희가 이 사람이 백성을 미혹하는 자라 하여 내게 끌고 왔도다 보라 내가 너희 앞에서 심문하였으되 너희가 고발하는 일에 대하여 이 사람에게서 죄를 찾지 못하였고 헤롯이 또한 그렇게 하여 그를 우리에게 도로 보내었도다 보라 그가 행한 일에는 죽일 일이 없느니라 (눅 23:13-15)

그 피를 양을 먹을 집 좌우 문설주와 인방에 바르고 그 밤에 그 고기를 불에 구워 무교병과 쓴 나물과 아울러 먹되 날것으로나 물에 삶아서 먹지 말고 머리와 다리와 내장을 다 불에 구워 먹고 아침까지 남겨두지 말며 아침까지 남은 것은 곧 불사르라 너희는 그것을 이렇게 먹을지니 허리에 띠를 띠고 발에 신을 신고 손에 지팡이를 잡고 급히 먹으라 이것이 여호와의 유월절이니라 (출 12:7-11)

< 두 번째 잔 : 구원의 잔 >

축복(감사기도)을 위해 일어선다.

모두 함께)
바룩 아타 아도나이 엘로헤이누 멜렉 하올람,
보레 페리 하가펜, 아멘.

모두 함께)
여호와 우리 하나님, 온 세상의 왕, 포도나무 열매를 창조하신 분,
당신을 찬양합니다. 아멘.

　* 모두 마신다.

모두 함께)
예수님, 우리를 속박시키는 사슬들을 끊어 주소서.

✳ 라흐짜: 식사 전에 손 씻기

모두 함께)
바룩 아타 아도나이 엘로헤이누 멜렉 하올람,
아쉐르 키드샤누 베미쯔보타브 붸찌바누
알네틸랏 야다임.

모두 함께)

오 여호와 우리 하나님, 온 세상의 왕, 그분의 말씀으로 우리를 구별하시고, 우리의 손을 씻으라고 명령하신 분, 당신을 찬양합니다.

✱ 모찌: 식사 전의 기도

히브리어로 빵은 '레켐'이며 '전투'라는 뜻도 있다. 식사는 물질적인 것과 영적인 것 사이의 전쟁과 같다. 이것이 바로 우리의 음식을 놓고 기도하는 이유이다.

모두 함께)

바룩 아타 아도나이 엘로헤이누 멜렉 하올람,
하모찌 레헴 민 하아레쯔, 아멘.

모두 함께)

여호와 우리 하나님, 온 세상의 왕, 이 빵을 땅에서 나오게 하신 분, 당신을 찬양합니다. 아멘.

✱ 마짜: 무교병에 대한 축복(감사기도)

마짜는 내려놓음의 힘을 강조한다. 비천한 음식인 마짜를 먹음으로써, 우리는 그 본성들을 습득한다.

모두 함께)

바룩 아타 아도나이 엘로헤이누 멜렉 하올람,
아쉐르 키드샤누 베미쯔보타브 붸찌바누 알 아킬랏 마짜, 아멘.

모두 함께)

여호와 우리 하나님, 온 세상의 왕, 우리를 그분의 말씀으로 구별하시고 우리에게 무교병을 먹으라고 명령하신 분, 당신을 찬양합니다. 아멘.

✱ 마로르: 쓴 나물들에 대한 축복(감사기도)

쓴 나물들은 우리에게 성장의 과정을 가르쳐 준다. 올리브는 그것을 짓이기지 않으면 기름을 내지 않는다. 그러므로, '마로르', 쓴 것은 또한 우리의 기질을 단련시킨다. 우리를 강하게 만드는 것은 좌절과 고통이다.

모두 함께)

바룩 아타 아도나이 엘로헤이누 멜렉 하올람,
아쉐르 키드샤누 베미쯔보타브 붸찌바누 알 아킬랏, 아멘.

모두 함께)

여호와 우리의 하나님, 온 세상의 왕, 우리를 그분의 말씀으로 구별하시고 쓴 나물을 먹으라고 명령하신 분, 당신을 찬양합니다. 아멘.

✱ 코렉: 마짜 샌드위치 만들기

마짜 한 조각을 취해서 그것을 반으로 쪼갠다. 마짜 위에 고추냉이와 하로셋를 얹어서 먹는다.

* **슐한 오렉: 식사 시간**

    저녁 먹은 후에 잔도 그와 같이 하여 이르시되 이 잔은 내 피로 세우는 새 언약이
    니 곧 너희를 위하여 붓는 것이라 (눅 22:20)

    나는 여호와라 … 편 팔과 여러 큰 심판들로써 너희를 속량하여 (출 6:6)

* **바렉: 식후의 축복(감사기도)**

< 세 번째 잔 : 속량의 잔 >

축복(감사기도)을 위해 일어선다.

모두 함께)
바룩 아타 아도나이 엘로헤이누 멜렉 하올람,
보레 페리 하가펜, 아멘.

모두 함께)
여호와 우리 하나님, 온 세상의 왕, 포도나무 열매를 창조하신 분,
당신을 찬양합니다. 아멘.

   * 모두 마신다.

모두 함께)
예수님, 당신의 편 팔로써 우리를 속량해 주신 것에 감사드립니다.

> 내가 알기에는 나의 대속자가 살아 계시니 마침내 그가 땅 위에 서실 것이라 내 가죽이 벗김을 당한 뒤에도 내가 육체 밖에서 하나님을 보리라 (욥 19:25-26)

✱ 짜푼: 숨겨짐

인도자)
어린이들이 아피코만(마짜 중간)을 발견할 때까지 찾게 한다. 그것을 찾은 후에 작은 조각으로 쪼개서 식탁에 앉은 모든 사람들이 한 조각씩 먹도록 한다. 이것은 생명의 떡, 곧 부활하신 예수님을 나타내는 것으로 우리가 그분께 참여하는 것이다. '아피코만'은 '그 뒤에 따라오는 것', 바로 메시아의 재림을 의미한다! 그러므로, 아피코만은 디저트로 여겨진다. '그날'에는 얼마나 맛이 있겠는가?

> 이에 그들이 찬미하고 감람 산으로 나아가니라 (마 26:30)

> 건축자가 버린 돌이 집 모퉁이의 머릿돌이 되었나니 이는 여호와께서 행하신 것이요 우리 눈에 기이한 바로다 이 날은 여호와께서 정하신 것이라 이 날에 우리가 즐거워하고 기뻐하리로다 (시 118:22-24)

> 빌라도가 패를 써서 십자가 위에 붙이니 나사렛 예수 유대인의 왕이라 기록되었더라 (요 19:19)

그러나 아켈라오가 그의 아버지 헤롯을 이어 유대의 임금 됨을 듣고 거기로 가기를 무서워하더니 꿈에 지시하심을 받아 갈릴리 지방으로 떠나가 나사렛이란 동네에 가서 사니 이는 선지자로 하신 말씀에 나사렛 사람이라 칭하리라 하심을 이루려 함이러라 (마 2:22-23)

대제사장 여호수아야 너와 네 앞에 앉은 네 동료들은 내 말을 들을 것이니라 이들은 예표의 사람들이라 내가 내 종 싹을 나게 하리라 (슥 3:8)

은과 금을 받아 면류관을 만들어 여호사닥의 아들 대제사장 여호수아의 머리에 씌우고 말하여 이르기를 만군의 여호와께서 이같이 말씀하시되 보라 싹이라 이름하는 사람이 자기 곳에서 돋아나서 여호와의 전을 건축하리라 (슥 6:11-12)

이에 예수께서 가시관을 쓰고 자색 옷을 입고 나오시니 빌라도가 그들에게 말하되 보라 이 사람이로다 하매 (요 19:5)

자기의 재물을 의지하고 부유함을 자랑하는 자는 아무도 자기 형제를 구원하지 못하며 그를 위한 속전을 하나님께 바치지도 못할 것은 그들의 생명을 속량하는 값이 너무 엄청나서 영원히 마련하지 못할 것임이니라 그가 영원히 살아서 죽음을 보지 않을 것인가 (시 49:6-9)

그는 멸시를 받아 사람들에게 버림 받았으며 간고를 많이 겪었으며 질고를 아는 자라 마치 사람들이 그에게서 얼굴을 가리는 것 같이 멸시를 당하였고 우리도 그를 귀히 여기지 아니하였도다 그는 실로 우리의 질고를 지고 우리의 슬픔을 당하였거늘 우리는 생각하기를 그는 징벌을 받아 하나님께 맞으며 고난을 당한다 하였노라 그가 찔림은 우리의 허물 때문이요 그가 상함은 우리의 죄악 때문이라 그가 징계를 받으므로 우리는 평화를 누리고 그가 채찍에 맞으므로 우리는 나음을 받았도다 (사 53:3-5)

우리는 다 양 같아서 그릇 행하여 각기 제 길로 갔거늘 여호와께서는 우리 모두의 죄악을 그에게 담당시키셨도다 그가 곤욕을 당하여 괴로울 때에도 그의 입을 열지 아니하였음이여 마치 도수장으로 끌려 가는 어린 양과 털 깎는 자 앞에서 잠잠한 양 같이 그의 입을 열지 아니하였도다 (사 53:6-10)

이에 총독의 군병들이 예수를 데리고 관정 안으로 들어가서 온 군대를 그에게로 모으고 그의 옷을 벗기고 홍포를 입히며 가시관을 엮어 그 머리에 씌우고 갈대를 그 오른손에 들리고 그 앞에서 무릎을 꿇고 희롱하여 이르되 유대인의 왕이여 평안할지어다 하며 (마 27:27-29)

그에게 침 뱉고 갈대를 빼앗아 그의 머리를 치더라 희롱을 다 한 후 홍포를 벗기고 도로 그의 옷을 입혀 십자가에 못 박으려고 끌고 나가니라 (마 27:30-31)

마침 알렉산더와 루포의 아버지인 구레네 사람 시몬이 시골로부터 와서 지나가는데 그들이 그를 억지로 같이 가게 하여 예수의 십자가를 지우고 예수를 끌고 골고다라 하는 곳(번역하면 해골의 곳)에 이르러 몰약을 탄 포도주를 주었으나 예수께서 받지 아니하시니라 십자가에 못 박고 그 옷을 나눌새 누가 어느 것을 가질까 하여 제비를 뽑더라 때가 제삼시가 되어 십자가에 못 박으니라 (막 15:21-25)

여호와는 하나님이시라 그가 우리들에게 빛을 비추셨으니 밧줄로 절기 제물을 제단 뿔에 맬지어다 (시 118:27)

제육시로부터 온 땅에 어둠이 임하여 제구시까지 계속되더니 제구시쯤에 예수께서 크게 소리 질러 이르시되 엘리 엘리 라마 사박다니 하시니 이는 곧 나의 하나님, 나의 하나님, 어찌하여 나를 버리셨나이까 하는 뜻이라 거기 섰던 자 중 어떤 이들이 듣고 이르되 이 사람이 엘리야를 부른다 하고 (마 27:45-47)

여호와의 오른 손이 높이 들렸으며 여호와의 오른손이 권능을 베푸시는도다 (시 118:16)

예수께서 다시 크게 소리 지르시고 영혼이 떠나시니라 이에 성소 휘장이 위로부터 아래까지 찢어져 둘이 되고 땅이 진동하며 바위가 터지고 (마 27:50-51)

✲ 케리아: 옷을 찢음(애도 예식)

옷을 찢는 것은 가까운 친지에 대해 슬픔을 표현하는 성경시대의 애도 관습이다. 성전의 휘장은 아버지 하나님의 겉옷이다!

슬프도소이다 주 여호와여 주께서 큰 능력과 펴신 팔로 천지를 지으셨사오니 주에게는 할 수 없는 일이 없으시니이다 주는 은혜를 천만인에게 베푸시며 아버지의 죄악을 그 후손의 품에 갚으시오니 크고 능력 있으신 하나님이시요 이름은 만군의 여호와시니이다 주는 책략에 크시며 하시는 일에 능하시며 인류의 모든 길을 주목하시며 그의 길과 그의 행위의 열매대로 보응하시나이다 주께서 애굽 땅에서 표적과 기사를 행하셨고 오늘까지도 이스라엘과 인류 가운데 그와 같이 행하사 주의 이름을 오늘과 같이 되게 하셨나이다 주께서 표적과 기사와 강한 손과 펴신 팔과 큰 두려움으로 주의 백성 이스라엘을 애굽 땅에서 인도하여 내시고 (렘 32:17-21)

예루살렘을 치러 오는 이방 나라들을 그 날에 내가 멸하기를 힘쓰리라 내가 다윗의 집과 예루살렘 주민에게 은총과 간구하는 심령을 부어 주리니 그들이 그 찌른 바 그를 바라보고 그를 위하여 애통하기를 독자를 위하여 애통하듯 하며 그를 위하여 통곡하기를 장자를 위하여 통곡하듯 하리로다 (슥 12:9-10)

도마에게 이르시되 네 손가락을 이리 내밀어 내 손을 보고 네 손을 내밀어 내 옆구리에 넣어 보라 그리하여 믿음 없는 자가 되지 말고 믿는 자가 되라 도마가 대답하여 이르되 나의 주님이시요 나의 하나님이시니이다 (요 20:27-28)

* 할렐: 찬양의 노래들

축복(감사기도)을 위해 일어선다.

모두 함께)

할렐루야, 여호와의 종들아 찬양하라 여호와의 이름을 찬양하라 이제부터 영원까지 여호와의 이름을 찬송할지로다 해 돋는 데에서부터 해 지는 데에까지 여호와의 이름이 찬양을 받으시리로다 여호와는 모든 나라보다 높으시며 그의 영광은 하늘보다 높으시도다 여호와 우리 하나님과 같은 이가 누구리요 높은 곳에 앉으셨으나 스스로 낮추사 천지를 살피시고 가난한 자를 먼지 더미에서 일으키시며 궁핍한 자를 거름 더미에서 들어 세워 지도자들 곧 그의 백성의 지도자들과 함께 세우시며 또 임신하지 못하던 여자를 집에 살게 하사 자녀들을 즐겁게 하는 어머니가 되게 하시는도다 할렐루야 (시 113:1-9)

이스라엘이 애굽에서 나오며 야곱의 집안이 언어가 다른 민족에게서 나올 때에 유다는 여호와의 성소가 되고 이스라엘은 그의 영토가 되었도다 바다가 보고 도망하며 요단은 물러갔으니 산들은 숫양들 같이 뛰놀며 작은 산들은 어린 양들 같이 뛰었도다 바다야 네가 도망함은 어찌함이며 요단아 네가 물러감은 어찌함인가 너희 산들아 숫양들 같이 뛰놀며 작은 산들아 어린 양들 같이 뛰놂은 어찌함인가 땅이여 너는 주 앞 곧 야곱의 하나님 앞에서 떨지어다 그가 반석을 쳐서 못물이 되게 하시며 차돌로 샘물이 되게 하셨도다 (시 114:1-8)

여호와여 영광을 우리에게 돌리지 마옵소서 우리에게 돌리지 마옵소서 오직 주는 인자하시고 진실하시므로 주의 이름에만 영광을 돌리소서 어찌하여 뭇 나라가 그들의 하나님이 이제 어디 있느냐 말하게 하리이까 오직 우리 하나님은 하늘에 계셔서 원하시는 모든 것을 행하셨나이다 (시 115:1-3)

내게 주신 모든 은혜를 내가 여호와께 무엇으로 보답할까 내가 구원의 잔을 들고 여호와의 이름을 부르며 (시 116:12-13)

너희 모든 나라들아 여호와를 찬양하며 너희 모든 백성들아 그를 찬송할지어다 우리에게 향하신 여호와의 인자하심이 크시고 여호와의 진실하심이 영원함이로다 할렐루야 (시 117:1-2)

내가 고통 중에 여호와께 부르짖었더니 여호와께서 응답하시고 나를 넓은 곳에 세우셨도다 여호와는 내 편이시라 내가 두려워하지 아니하리니 사람이 내게 어찌할까 여호와께서 내 편이 되사 나를 돕는 자들 중에 계시니 그러므로 나를 미워하는 자들에게 보응하시는 것을 내가 보리로다 (시 118:5-8)

* **니르짜: 받아들여짐**

이는 그가 사랑하시는 자 안에서 우리에게 거저 주시는 바 그의 은혜의 영광을 찬송하게 하려는 것이라 우리는 그리스도 안에서 그의 은혜의 풍성함을 따라 그의 피로 말미암아 속량 곧 죄 사함을 받았느니라 (엡 1:6-7)

<네 번째 잔 : 인정하는 잔>

축복(감사기도)을 위해 일어선다.

모두 함께)
바룩 아타 아도나이 엘로헤이누 멜렉 하올람,
보레 페리 하가펜, 아멘.

모두 함께)
여호와 우리 하나님, 온 세상의 왕, 포도나무 열매를 창조하신 분,
당신을 찬양합니다, 아멘.

* 모두 마신다.

모두 함께)
예수님, 저를 주님의 가족으로 받아주셔서 감사합니다.
저도 이제 주님을 제 마음에 모십니다.

< 다섯 번째 잔 : 엘리야의 잔 >

너희는 내가 호렙에서 온 이스라엘을 위하여 내 종 모세에게 명령한 법 곧 율례와 법도를 기억하라 보라 여호와의 크고 두려운 날이 이르기 전에 내가 선지자 엘리야를 너희에게 보내리니 그가 아버지의 마음을 자녀에게로 돌이키게 하고 자녀들의 마음을 그들의 아버지에게로 돌이키게 하리라 돌이키지 아니하면 두렵건대 내가 와서 저주로 그 땅을 칠까 하노라 하시니라 (말 4:4-6)

축복(감사기도)을 위해 일어선다.

모두 함께)
바룩 아타 아도나이 엘로헤이누 멜렉 하올람, 보레 페리 하가펜, 아멘.

여호와 우리 하나님, 온 세상의 왕, 포도나무 열매를 창조하신 분,
당신을 찬양합니다. 아멘.

* 모두 마신다.

모두 함께)

레샤나 하바아 비루샬라임

내년에는 예루살렘에서! 우리는 이제 메시아를 원합니다!

* 제사장의 축복으로 마무리하기

인도자)

여호와는 네게 복을 주시고 너를 지키시기를 원하며 여호와는 그의 얼굴을 네게로 비추사 은혜 베푸시기를 원하며 여호와는 그 얼굴을 네게로 향하여 드사 평강 주시기를 원하노라 할지니라 하라 (민 6:24-27)

상 차리는 법

'세데르'는 절기 또는 특별한 행사이기 때문에 훌륭한 식탁보와 냅킨과 접시와 잔들을 사용한다.

자리마다 포도주나 포도즙을 위한 잔뿐만 아니라 애굽에 내린 재앙을 재현하기 위해 종이 냅킨을 두어야 한다. 또한 축복(감사기도)을 위해서 각자 자신의 '하가다'(예식서)를 준비한다.

식탁 가운데 놓여야 할 것들은 다음과 같다.

– 정강이 뼈, 쓴 나물, 하로셋, 구운(삶은) 계란, 고추냉이, 그리고 파슬리가 담긴 세데르 쟁반
– 팔이 닿는 거리 안에 소금물이 담긴 작은 접시(필요하면 하나 더 놓는다)
– 포도주 또는 포도 주스 한 병

- 엘리야를 위한 빈 포도주 잔
- 최소한 세 조각 이상의 아피코만(덮인 채로 놓는다)
- 손을 씻기 위한 주발, 컵, 그리고 타월

용어 해설

히브리어	영어	우리말
Pesach 페싹	Passover	유월절
Chametz 하메츠	leaven, yeast	누룩
Charoset 하로셋	clay	버무림(과일과 견과류를 섞어서 달콤하게 버무린 것)
Beitzah 베이짜	roasted egg	삶은 계란
Karpas 카르파스	vegetable	채소
Maror 마로르	bitter herb	쓴 나물
Matzo 마쪼	unleavened bread	무교병(크래커처럼 얇게 구운 과자)
Yachatz 야하츠	to break	쪼개기, 나누기
Tzafun 짜푼	hidden	숨겨진

그리스어	영어	우리말
Afikomen 아피코만	that which comes after	뒤따라오는 어떤 것

너희는 누룩 없는 자인데 새 덩어리가 되기 위하여 묵은 누룩을 내버리라 우리의 유월절 양 곧 그리스도께서 희생 되셨느니라 (고전 5:7)

옛것은 새것 안에 포함되어 있습니다.
새것은 옛것 안에서 설명됩니다.
옛것은 새것 안에 감추어져 있습니다.
새것은 옛것 안에서 드러납니다.

앞으로 있게 될 유월절/무교절의 날짜들

연도	유월절	무교절
2017	4월 10일	4월 11일
2018	3월 30일	3월 31일
2019	4월 19일	4월 20일
2020	4월 8일	4월 9일
2021	3월 27일	3월 28일
2022	4월 15일	4월 16일
2023	4월 5일	4월 6일
2024	4월 22일	4월 23일

✻ 유월절은 무엇인가?

유월절은 니산 월 14일로 이날 유대인 가정에서는 '세데르'로 기념한다. 유월절 이야기는 '세데르' 중에 말로 하거나 '하가다'를 읽는 것으로 전한다.

이날에는 전통적으로 하로셋이나 고추냉이와 같은 전통적인 음식을 먹는데, 상징적인 음식들은 '세데르 쟁반'이라고 불리는 특별한 쟁반에 놓는다. 유월절 기간 중에 누룩이 들어간 음식은 전혀 먹지 않는다.

유월절 '세데르'는 연례적으로 가족들에게 조상들이 애굽에서 겪은 고난과 그들을 속박에서 풀어 주신 하나님의 구원의 기적을 상기시킨다.

한 번 참여해 보라. 그러면 하나님께서 모든 것들을 어떻게 계획하셨는지 알게 될 것이다! 와서 우리와 함께 깊은 유대적 뿌리로 뛰어들어 표면에 드러난 것보다 훨씬 더 많은 것들을 발견해 보라! 주님은 우리가 토라 안에서 그분을 발견하기 원하신다. 우리는 마음에 가득 찬 것을 입으로 말하게 되어 있다. 그것이 바로 토라이다! 하나님의 구전된 말씀은 모든 인류를 위해 그분의 입과 마음으로부터 나온 것이다.

부록 2)

기독교인을 위한 안식일 저녁식사 안내서

수지 맥로이

하나님이 그 일곱째 날을 복되게 하사 거룩하게 하셨으니 이는 하나님이 그 창조하시며 만드시던 모든 일을 마치시고 그 날에 안식하셨음이니라 (창 2:3)

여호와가 말하노라 매월 초하루와 매 안식일에 모든 혈육이 내 앞에 나아와 예배하리라 (사 66:23)

소개

우리는 오래전에 예언된 시대에 살고 있다. 오늘날 많은 기독교인들이 믿음의 유대적 근원으로 다시 부름 받고 있다. 그리고 그것은 우리로 하여금 안식일에 대해 배우고자 하는 소망을 일으킨다. 금요일 일몰부터 토요일 일몰까지에 해당하는 안식일은 우리와 특별한 방식으로 관계 맺으시기 위해 하나님께서 따로 구별하신 최초의 약속된 시간이다.

이 소책자는 당신의 가족과 친구들을 돕기 위해 고안된 것으로 매주 금요일마다 안식일 저녁식사의 아름다움과 즐거움으로 안내한다. 이것은 당신이 자신 있게 안식일 식사를 주최할 수 있게 쉽고 간단하게 쓰였다. 여러 해 동안 안식일 만찬을 주최하면서 초대받은 대부분의 사람들이 좋아하는 모습을 지켜봤다. 부디 당신이 안식일 저녁식사 시간을 가질 용기를 얻어서 하나님과 가족, 친구들과 전에는 전혀 경험해 보지 못했던 관계를 맺고 우리의 주인이신 '예슈아 함마시악'(예수 그리스도) 안에서 영적인 안식을 누리길 바란다. 샤밧 샬롬![1]

---

[1] 안식일 시작 전에 하는 히브리어 인사로 "평화로운 안식!" 또는 "안식일의 평화"라는 뜻이다(역자 주).

안식일이라는 절기

안식일은 참으로 모든 인류를 위한 절기로, 예수님께서도 그것이 우리를 위하여 있는 것이라고 선포하셨다! 안식일은 단지 당신과 하나님을 위해 구별하는 시간이 되어야 한다. 다음의 말씀을 보라.

> 만일 안식일에 네 발을 금하여 내 성일에 오락을 행하지 아니하고 안식일을 일컬어 즐거운 날이라, 여호와의 성일을 존귀한 날이라 하여 이를 존귀하게 여기고 네 길로 행하지 아니하며 네 오락을 구하지 아니하며 사사로운 말을 하지 아니하면 네가 여호와 안에서 즐거움을 얻을 것이라 내가 너를 땅의 높은 곳에 올리고 네 조상 야곱의 기업으로 기르리라 여호와의 입의 말씀이니라 (사 58:13-14)

안식일은 레위기 23장에서 여호와 하나님이 가장 먼저 언급하시는 절기이다. 여기서 절기는 하나님께서 우리와 만나시는 약속된 시간을 뜻한다. 만약 이것을 제대로 인식한다면, 누가 그 약속을 거절하겠는가? 안식일은 하나님과의 언약 안에 거하기를 원하는 모든 사람을 위한 것이다.

> 또 여호와와 연합하여 그를 섬기며 여호와의 이름을 사랑하며 그의 종이 되며 안식일을 지켜 더럽히지 아니하며 나의 언약을 굳게 지키는 이방인마다 내가 곧 그들을 나의 성산으로 인도하여 기도하는 내 집에서 그들을 기쁘게 할 것이며 (사 56:6-7)

여호와의 안식일을 지키고 그분의 언약 안으로 들어가십시오. 그리고 그분이 여러분을 지키시는 것을 보십시오.

— 마크 빌츠

안식일 식탁 차리기

가능하다면, 특별한 기념일을 위해 구별된 접시들이나 식탁보를 사용하라.

- 식탁에 하얀 천을 깔고 준비한 냅킨이나 깔개를 놓는다.
- 식탁 중앙에 흰색 양초나 티라이트를 꽂은 두 개의 촛대를 둔다. 참석한 여성들을 위해 양초나 티라이트를 추가할 수 있다.
- 한 병의 포도주나 포도 주스를 식탁에 놓고 각 자리마다 포도주 잔을 놓는다.
- 식탁에 '할라'2) 두 덩어리를 두고, 하얀 천이나 '할라' 덮개로 가린다.
- '할라'를 찍을 수 있도록 식탁에 작은 소금 그릇을 둔다.
- 인도자 자리 옆에 물그릇과 손 닦는 타월을 둔다.
- 안식일 저녁 안내 책자를 복사해서 각 자리마다 둔다.

안식일로 안내하는 어머니의 기도

안식일은 금요일 저녁 일몰에 시작된다. 만약 당신에게 '쇼파르'가 있다면, 안식일을 경축하는 의미로 당신의 가족이나 친구들이 그것을 불면서 즐길 수 있는데, 특별히 어린이들이 이것을 좋아한다. 일몰 전에 어머니나 그 집의 여주인이 다음의 기도문을 낭송한다. 만약 여성이 없다면, 남자가 할 수도 있다.

안식일의 빛들이 우리 집안에 진리의 아름다움과 하나님 사랑의 광선을 들여오게 하소서.

---

2) 꽈배기를 확대한 것처럼 생긴 유대인들의 전통적인 빵(역자 주)

주님께서 우리에게 주의 안식의 기쁨으로 복을 주소서.
주님께서 우리에게 주의 안식의 거룩으로 복을 주소서.
주님께서 우리에게 주의 안식의 평화로써 복을 주소서.
아멘.

촛불 점화 축복(감사기도)

그 집의 어머니나 여주인이 두 개의 초에 불을 붙이는데, 하나는 안식일을 기억하기 위함이며 하나는 그것을 지키기 위함이다. 그녀는 자신의 머리를 가림으로써 하나님께서 그녀의 보호자라는 사실을 상기시킬 수 있다. 그녀는 초를 밝히고 참석한 여성들 각자가 초나 티라이트에 점화하도록 초대한다. 모든 여성들이 촛불 점화를 한 후에 다음의 축복(감사기도)을 낭송한다.

바룩 아타 아도나이 엘로헤누 멜렉 하올람
아쉐르 키드샤누 베미쯔보타브
붸찌바누 리히요트 오르 라고임
붸나탄 라누 에트 예슈아 메쉬테누 오르 하올람

여호와 우리 하나님, 온 세상의 왕,
우리를 그분의 계명으로 구별하시고
민족들에게 빛이 되라 명령하셨으며
세상의 빛이신 우리의 메시아 예수님을 주신 분,
당신을 찬양합니다.
아멘.

아내를 위한 남편의 축복

부부끼리 서로 마주 보고 남편이 아내에게 잠언 31장을 근거로 한 다음의 축복을 조용히 선포한다. 식탁에 있는 미혼자들에게도 자신들이 메시아의 신부라는 사실을 상기시키면서 이 축복을 선포하도록 격려한다.

누가 현숙한 여인을 찾을 수 있겠습니까?
당신은 보석보다 훨씬 값진 존재입니다.
내 마음은 당신을 믿으며, 당신은 내 삶을 풍요롭게 합니다.
당신은 평생토록 나에게 선을 행하고 해를 끼치지 않습니다.
당신은 손을 뻗어 가난한 자들을 도우며
궁핍한 자들에게 손을 펼칩니다.
당신은 능력과 존귀로 옷을 입으며
미래에 대한 두려움 없이 미소를 짓습니다.
당신은 지혜롭게 말하고, 당신의 혀에 친절한 가르침이 있습니다.
당신은 집안 살림을 잘 살피며 게으르게 얻은 양식을 먹지 않습니다.
우리 자녀들이 일어나 당신을 축복하며
나 또한 그렇게 합니다.
많은 여인들이 훌륭하게 일하지만,
당신은 그들 모두를 능가합니다.
매력은 거짓이며 아름다움은 덧없지만,
당신은 여호와를 경외함으로써 칭찬을 받을 것입니다.
나는 당신이 한 모든 일을 존중하며,
당신의 업적들이 당신께 찬사를 가져옵니다.

남편을 위한 아내의 축복

여전히 서로 마주 보는 상태에서 이번에는 아내가 조용히 남편을 향해 시편 1편에 근거한 다음의 축복을 선포한다. 식탁의 미혼자들에게도 그들이 메시아의 신부라는 사실을 상기시키면서 이 축복을 선포하도록 격려한다.

○○○(남편의 이름), 당신에게 복이 있나니, 당신이 악인들의 꾀를 따르지 않고 죄인들의 길에 서지 않으며 오만한 자들의 자리에 앉지 않기 때문입니다. 당신은 오직 여호와의 율법을 즐거워하며, 그분의 율법을 밤낮으로 묵상합니다. 당신은 물가에 굳게 심은 나무처럼 철따라 열매를 맺고 그 잎사귀가 마르지 않으며 당신이 하는 모든 일이 형통할 것입니다.

자녀들을 위한 축복

아버지는 참석한 자녀들 각각의 머리에 손을 얹고 그들을 향해 다음과 같이 축복한다. 어린이 각자에 대해 개인적으로 축복할 수도 있다.

아들을 위한 축복(창 48:20)
여호와께서 너에게 에브라임과 므낫세의 복을 주시는구나. 네가 과거의 고통을 잊고 매일 삶의 열매를 맺기를, 여호와께서 너를 좋은 남편과 아버지로 만들어 주시고 너를 위해 거룩한 아내를 예비해 주시길 축복한다.

딸을 위한 축복(룻 4:11)
여호와께서 너에게 사라, 리브가, 라헬, 그리고 레아와 같이 복을 주시는구나. 그분께서 너에게 미덕과 연민으로 옷 입히시기를, 여호와께서 네가 오래 살게 해 주시기를, 여호와께서 너를 돌보고 지키고 보호해 줄 남편을 네게 이끌어 주시길, 그분이 행복과 평화로 너를 총애하시기를 축복한다.

아론의 축복(손님들을 위한 축복, 민 6:24-26)

인도자는 일어서서 식탁의 모든 손님들을 다음과 같이 축복한다.

예바레케카 아도나이 붸이슈메레카,
야에르 아도나이 파나브 엘레이카 뷔후네카,
이싸 아도나이 파나브 엘레이카 붸야셈 레카 샬롬

여호와는 네게 복을 주시고 너를 지키시기를 원하며
여호와는 그 얼굴을 네게 비추사 은혜 베푸시기를 원하며
여호와는 그 얼굴을 네게로 향하여 드사 평강 주시기를 원하노라.

이스라엘을 위한 기도

이 기도문은 1948년에 이스라엘 국가의 랍비 수반이 쓴 것으로 유대인들은 안식일마다 온 세계의 회당에서 이 기도를 한다(신 30:4-5). 함께한 이들 모두가 한목소리로 다음과 같이 기도한다.

하늘에 계신 우리 아버지, 이스라엘의 보호자시며 구원자시여, 우리 구원의 첫 미명(微

明)을 표시하는 이스라엘에 복을 주소서. 주님의 사랑의 날개 밑에서 이 나라가 보호받게 하시고, 주님의 평화로 이 나라 위에 차양을 펼치시며, 주님의 빛과 진리를 이 나라의 지도자들과 관리들과 조언자들에게 보내셔서 당신의 훌륭한 권고로 그들을 지도해 주소서. 오 하나님, 우리의 거룩한 땅을 지키는 자들을 강하게 하시고 그들에게 구원을 베푸시며 그들에게 승리의 관을 씌워 주소서. 이 땅의 평화와 주민들의 기쁨을 영원하게 하소서. 모든 땅에 흩어져 있는 우리의 동포들과 이스라엘의 모든 가문을 기억해 주소서.

특별히 그들로 하여금 시온, 그 성 예루살렘, 주님이 계신 그곳으로 똑바로 걸어가게 하시되, 당신의 종 모세의 토라에 "네 쫓겨간 자들이 하늘 가에 있을지라도 네 하나님 여호와께서 거기서 너를 모으실 것이며 거기서부터 너를 이끄실 것이라 네 하나님 여호와께서 너를 네 조상들이 차지한 땅으로 돌아오게 하사 네게 다시 그것을 차지하게 하실 것이며"라고 기록된 대로 하소서. 우리의 마음이 사랑과 주님의 이름을 경외하는 것과 토라의 모든 규범들을 준수하는 데로 합쳐지게 하소서. 주님의 나라의 모든 주민들 위에 당신의 영광스러운 권세가 빛을 발하게 하소서. 호흡이 있는 모든 것들이 "이스라엘의 하나님 여호와는 왕이시며 그의 권세가 만물을 통치하시는도다"라고 선포하게 하소서. 아멘.

포도주에 대한 축복(감사기도, 키두쉬[성별])

포도주는 기쁨의 상징이며(시 104편) 안식일은 즐거운 날이 되어야 한다. 우리는 잔을 들고 함께 이 축복을 한다. 히브리어로 "레하임"(삶을 위해!)이라고 외치며 건강을 위해 건배한다.

모두 함께)

바룩 아타 아도나이 엘로헤이누 멜렉 하올람

보레 페리 하가펜 아멘.

여호와 우리 하나님, 온 세상의 왕, 포도나무 열매를 창조하신 분,
당신을 찬양합니다, 아멘.
레하임!

손 씻기

인도자가 식탁 위에 있는 물그릇과 수건을 들고 각각의 손님들에게 봉사하는데, 그의 아내부터 시작한다. 손님들은 각자 손을 물에 씻은 다음 수건으로 닦는다. 모든 사람이 씻기를 마친 후, 아내나 첫 번째 손님이 물그릇과 수건을 들고 인도자를 위해 봉사한다.

인도자)

우리는 예수님이 그 피로 우리를 깨끗케 하시고 성령의 생수를 우리에게 주신 것을 기억하면서 손을 씻습니다. 이제 손을 씻으십시오.

모두 함께)

여호와 우리 하나님, 온 세상의 왕,
성령의 능력과
메시아 예수님이 완성하신 사역과

그의 나라와 영광을 위해

우리를 부르시고 구별하심으로

우리를 깨끗하게 씻어 주신 분,

당신을 찬양합니다. 아멘.

(시 24:3-4 참조)

빵에 대한 축복(감사기도, 함모찌)

'할라'를 식탁에 돌리고 손님들은 각각 거기서 떼어 낸 작은 조각을 소금에 찍는다. 그 다음 모든 사람이 그 빵을 함께 먹는다. 소금은 주님 앞에서의 영원한 언약을 나타낸다(민 18:19).

다 함께)

바룩 아타 아도나이 엘로헤이누 멜렉 하올람

하모찌 예슈아 하레헴 하하이 민 하아레쯔

여호와 우리 하나님, 온 세상의 왕,

생명의 떡이신 예수님을 땅으로부터 나오게 하신 분,

당신을 찬양합니다, 아멘.

(요 6:35 참조)

* 함께 안식일 식사를 한다.

식후의 축복(감사기도)

배불리 먹은 다음 하나님께서 주신 아름다운 땅에 대해 찬양한다(신 8:10 참조).

다 함께)
여호와 우리 하나님, 온 세상의 왕,
온 세상을 좋은 것과 은혜와 자비와 긍휼로 먹이시는 분,
당신을 찬양합니다.

그분은 그 영원한 긍휼로 모든 육체에게 양식을 주십니다.
그래서 부족함이 없는 그분의 선하심으로, 그분의 위대한 이름을 위하여
우리에겐 영원히 양식의 결핍이 없을 것입니다.

그분은 하나님이시요, 모두를 먹이시고 지키시는 분이시며,
모두에게 선을 행하는 분이시므로,
그분이 창조하신 모든 피조물을 위하여 양식을 예비하십니다.

모두를 먹이시는 분,
주여, 당신을 찬양합니다.
아멘.

'할라' 레시피

재료)

따뜻한 우유 1컵, 설탕 1/4-1/2컵, 꿀 1스푼, 계란 2개, 버터 1/2컵

버터맛 쇼트닝 또는 코코넛 오일, '코셔' 소금 2 1/2티스푼

밀가루 4컵 (모든 용도, 제빵용 밀가루, 대체용, 또는 혼합 가루)

활동성 마른 효모 2 1/4티스푼 또는 1봉지, 참깨(선택사항)

제빵 기계 설명서)

1. 빵 굽는 판에 따뜻한 우유, 설탕, 꿀, 계란, 버터 또는 오일, 소금, 밀가루와 효모를 놓는다(젖은 내용물은 바닥에, 마른 내용물은 위에).
2. 반죽 기능을 선택한 후 시작 버튼을 누른다.
3. 반죽 단계가 끝나면 반죽을 꺼내서 얇게 펼친 밀가루 위에 놓고 5분 동안 부풀게 한다.

손 반죽 or 스탠드 믹서 설명서)

1. 따뜻한 우유, 설탕, 꿀, 그리고 효모를 커다란 반죽 그릇에 넣는다.
2. 5분간 부풀게 하거나 효모가 활동할 때까지 둔다.
3. 계란과 버터 또는 오일을 섞는다.
4. 밀가루 2컵을 넣고 잘 섞는다. 천천히 남은 밀가루를 넣고 잘 섞는다.
5. 손이나 기계로 6-8분 동안 부드럽게 될 때까지 반죽하는데, 반죽이 그릇에 들러붙지 않도록 밀가루를 조금씩 뿌린다.
6. 반죽을 꺼내서 얇게 펼친 밀가루 위에 놓고 5분 동안 부풀게 한다.
7. 모양을 만들기 전에 반죽을 앞에 놓고 아래의 축문을 낭송한다.

여호와 우리 하나님, 온 세상의 왕, 우리를 그분의 계명으로 구별하시고, 우리에게 '할라'를 분리하도록 영감을 주신 분, 당신을 찬양합니다.

8. 반죽에서 한 조각을 떼어 내고 그것을 들어 올리며 "이것은 '할라'입니다"라고 말한다.
9. 떼어 낸 반죽을 태우거나 그것을 포개어 (냅킨으로) 싼 다음 버린다.

빵 굽는 설명서)
1. 반죽을 반으로 나눈 뒤 각각을 다시 3개의 조각으로 똑같이 나눈다. 각 조각을 굴려서 12-14인치 길이의 로프 모양으로 만든 후 두 덩어리씩 꼰다.
2. 그 덩어리들을 마른 종이에 조심스럽게 놓고 그 위에 깨끗한 수건을 덮은 다음 따뜻한 곳에서 1-1.5시간 동안 부풀게 한 뒤 크기가 두 배가 될 때까지 통풍이 잘 되는 곳에 둔다.
3. 오븐을 350도까지 예열한다. 작은 그릇에 계란 한 개와 물 한 스푼을 넣어 섞은 후 부풀어 오른 덩어리에 바르고 참깨를 뿌린다.
4. 예열된 오븐에서 20-25분 동안 굽는다. 만약 빵이 너무 빨리 갈색으로 변하면 호일로 덩어리들을 덮는다.
5. 반죽 또는 구워진 '할라'를 잘 식힌다. '할라'는 안식일 아침에 프렌치 토스트가 되기도 한다.

누룩 없는 아몬드 로카

마짜 4 1/2-5장, 버터 1 1/2컵, 갈색 설탕 1 1/2컵
쵸콜렛 칩 12온스, 얇게 자른 아몬드 1컵

1. 오븐을 350도까지 예열한다.
2. 쿠키 굽는 종이에 마짜들을 깐다. 마짜 2겹으로 시작한다. 다른 것들을 부수어서 쿠키 판의 여백을 채운다.

3. 버터와 갈색 설탕을 팬에서 합친 후 중간불로 약 5분간 가열한다.

4. 버터 혼합물을 마짜 위에 고르게 붓고 오븐에서 약 5분 동안 거품이 날 때까지 굽는다.

5. 오븐에서 꺼낸 다음 쵸코칩을 뿌린다.

6. 오븐에 다시 넣고 쵸코칩이 녹아서 퍼질 때까지 가열한다(약 1분).

7. 오븐에서 꺼낸 다음 그 위에 쵸콜릿을 고르게 펼친다.

8. 쵸콜릿 안에 아몬드를 박아 넣는다.

9. 여전히 따뜻한 상태에서 원하는 크기로 자른다.

10. 마른 종이 위에 놓고 식힌다.

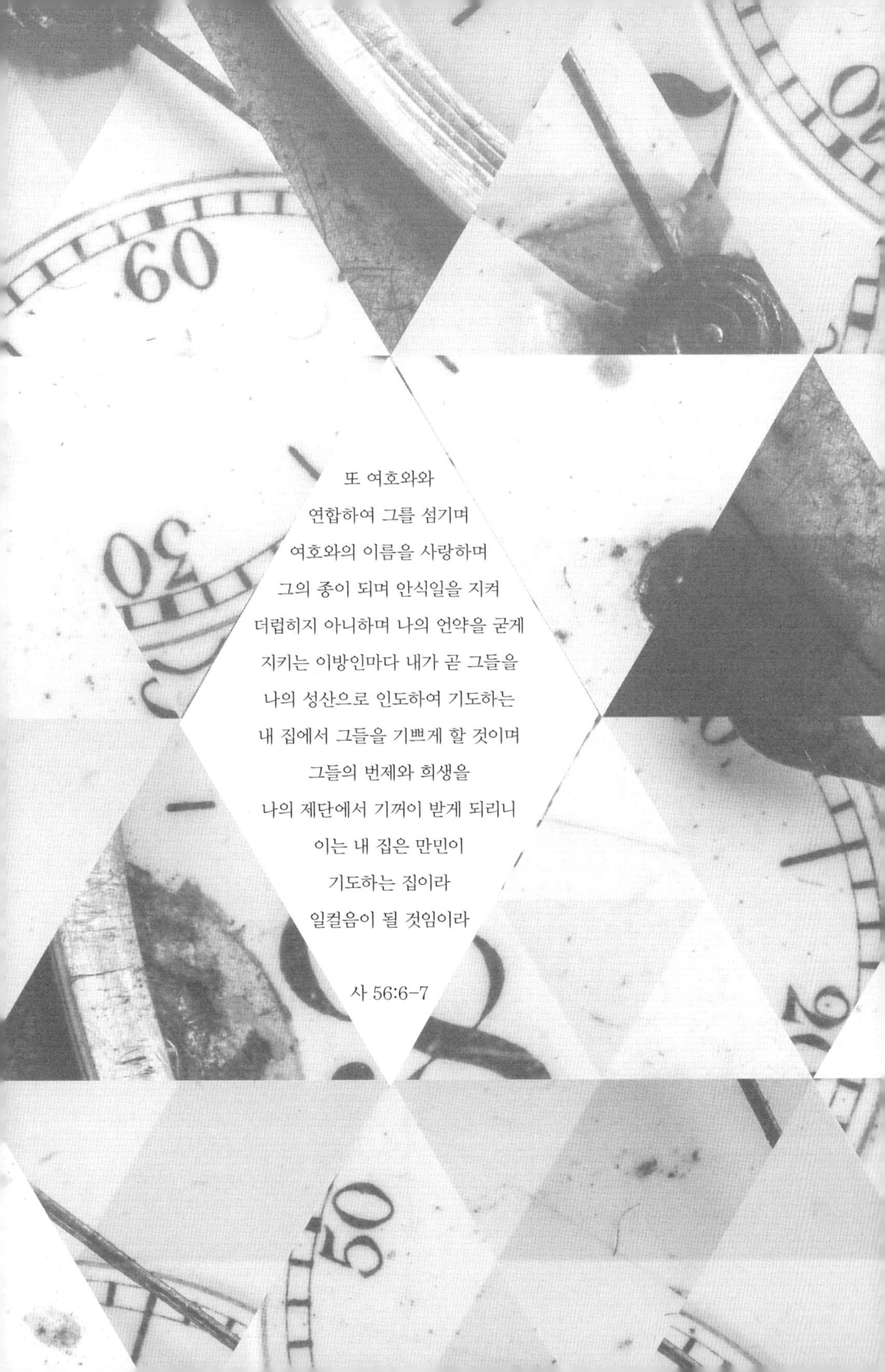

또 여호와와
연합하여 그를 섬기며
여호와의 이름을 사랑하며
그의 종이 되며 안식일을 지켜
더럽히지 아니하며 나의 언약을 굳게
지키는 이방인마다 내가 곧 그들을
나의 성산으로 인도하여 기도하는
내 집에서 그들을 기쁘게 할 것이며
그들의 번제와 희생을
나의 제단에서 기꺼이 받게 되리니
이는 내 집은 만민이
기도하는 집이라
일컬음이 될 것임이라

사 56:6-7

God's Day Timer

by Mark Biltz
Copyright ⓒ 2016 by Mark Biltz

Originally published in English under the title
God's Day Timer by WND Books

27 West 20th Street, Suite 1102
New York, New York 10011
www.wndbooks.com

Korean Translation Copyright ⓒ 2017 by PureNard
2F 16, Eonju-ro 69-gil Gangnam-gu, Seoul, Korea

The Korean edition is published by Arrangement with WND Books.
All rights reserved.

본 저작물의 한국어판 저작권은 WND Books와의 독점 계약으로 '순전한 나드'가 소유합니다.
저작권자의 허락 없이 이 책의 일부 또는 전체를 무단 복제, 전재, 발췌하면 저작권법에 의해 처벌을 받습니다.

하나님의 시간표

초판발행 | 2017년 7월 10일
3쇄발행 | 2023년 6월 10일

지 은 이 | 마크 빌츠
옮 긴 이 | 조용식

펴 낸 이 | 허철
총   괄 | 허현숙
편   집 | 김혜진
디 자 인 | S. E. M.
제   작 | 김도훈
인 쇄 소 | 예원프린팅

펴 낸 곳 | 도서출판 순전한 나드
등록번호 | 제2010-000128
주   소 | 서울 강남구 언주로9길 16 (역삼동) 2층
도서문의 | 02) 574-6702
팩   스 | 02) 574-9704
홈페이지 | www.purenard.co.kr

Printed in Korea

ISBN 978-89-6237-202-1 03230